艺 术 体 育
高校学术研究论著丛刊

文化与文创——中国传统文化与文创产品开发

卓 娜 著

图书在版编目 (CIP) 数据

文化与文创 : 中国传统文化与文创产品开发 / 卓娜著 . -- 北京 : 中国书籍出版社 , 2022.9

ISBN 978-7-5068-9196-7

Ⅰ . ①文… Ⅱ . ①卓… Ⅲ . ①中华文化 – 文化产品 – 产品设计 – 研究 Ⅳ . ① G124

中国版本图书馆 CIP 数据核字（2022）第 170346 号

文化与文创 : 中国传统文化与文创产品开发

卓 娜 著

丛书策划 谭 鹏 武 斌
责任编辑 马丽雅
责任印制 孙马飞 马 芝
封面设计 东方美迪
出版发行 中国书籍出版社
地　　址 北京市丰台区三路居路 97 号 (邮编：100073)
电　　话 （010）52257143（总编室） （010）52257140（发行部）
电子邮箱 eo@chinabp.com.cn
经　　销 全国新华书店
印　　厂 三河市德贤弘印务有限公司
开　　本 710 毫米 ×1000 毫米 1/16
字　　数 134 千字
印　　张 8
版　　次 2023 年 3 月第 1 版
印　　次 2023 年 5 月第 2 次印刷
书　　号 ISBN 978-7-5068-9196-7
定　　价 76.00 元

目 录

第一章　中国传统文化概述

中国作为世界四大文明古国之一，有悠久的历史和独特的地域环境，形成了独具特色的璀璨文化。中国文化，尤其中国传统文化是中华民族对人类的伟大贡献。当今，我们要完成传承发展的历史使命，必须以大文化观逐本溯源认识我们中国、我们中华民族自身的特点，认清国情，才能以理性务实的理念继承传统文化的精髓，以此为基础放眼世界创造中华民族的美好未来。

第一节　中国文化与中国传统文化

中国传统文化，是指在长期的历史发展过程中形成和发展起来的，具有稳定形态的中国文化。它是一个民族的历史遗产在现实生活中的展现，有着特定的内涵和占主导地位的基本精神。它负载着一个民族的价值取向，影响着一个民族的行为方式和生活方式，聚拢着一个民族认同的凝聚力。

进入近代以来，中国传统文化经历过严峻的考验。1840 年以后，西方列强用武力打开了中国的大门，中国传统文化由于在政治上、经济上出现全面危机而陷入了空前的困境。一大批中国知识分子甘冒杀头危险，继洋务运动、戊戌变法、辛亥革命之后，掀起了新文化运动。当时的新文化运动的概念，是指代表中国历史发展方向，既不同于以往的“旧文化”，也与西方文化相区别的新文化。就是在这样一种社会历史条件下才产生了确切含义的“中国传统文化”这个概念。随着洋务运动、戊戌变法和辛亥革命运动的开展，中国文化走上了现代化的道路，特别是

“五四运动”以后，马克思主义在中国的广泛传播和被社会的普遍接受，更使中国的文化面貌发生了翻天覆地的变化。

我们今天讨论的中国传统文化，不是旧的传统文化具体内容的详细讲解，而是取其精华，概括经典。应该指出的是，中国传统文化有其精华，也有其糟粕，其精华是中国传统文化的主体，其糟粕只是次要的部分。我们的目的就是要认真学习中国传统文化的精华部分，至于其糟粕则应该想办法克服和消灭。

第二节　中国传统文化的界定与特点

一、中国传统文化的界定

中国传统文化是指在长期的历史发展过程中形成和发展起来的，保留在民族中具有稳定形态的文化。它包括思想观念、思维方式、价值取向、道德情操、生活方式、礼仪制度、风俗习惯、行为方式、宗教信仰、文学艺术、教育科技等诸多层面的丰富内容。它是中华民族团结奋进、继往开来，全面建成小康社会，开创美好明天的基础。

中国传统文化在漫长的历史进程中综汇百家优长，兼集八方智慧，得到了充分发展，对维系中华民族的持续发展并长期处于世界领先地位发挥了重要作用。现当代中国社会，传统文化仍然浓重地保留在中华民族中间，制约和影响着人们的思想和行为，并且是我们创造社会主义新文化的依据，是让中国文化重新走向世界的基础。

二、中国传统文化的特点

中国传统文化是随着中华民族的发展而发展起来的，它对中华民族的形成、繁衍、统一、稳定和自立于世界民族之林，都起了极其巨大的作用，有着超时代的意义。中国传统文化是一个丰富博大的有机整体。它在世界文明史上占有极其重要的地位。中国传统文化的基本特征是什么？“五四运动”以来，围绕这个问题各家各派提出了不少的观点，但至今仍无统一定论。梁漱溟先生在《中国文化要义》一书中，曾提出中国文化有14大特征：广土众民；民族之同化融合；历史长久；力量伟大无比；历久不变的社会，停滞不进的文化；几乎没有宗教的人生；家族为社会生活的重心；学术不向着科学前进；民主、自由、平等等一类要求不见提出，及其法制之不见形成；道德气氛持重；以天下观念代替国家观念，不属普通国家类型；“自东汉以降为无兵的文化”；“孝的文化”；中国的隐士与中国文化有相当关系，这是中国社会的特产。大多数学者都是从中西比较的角度来论述中国传统文化的特征的。没有这种比较，就无法断定中国文化的特点。这也为我们分析中国传统文化提供了一条思路。中国传统文化包含着极其丰富的内容，需要从宏观和最基本的特征来加以阐述。

中国传统文化有各种表现形态，居中心地位的是以伦理道德为核心、以儒家伦理中心主义为出发点的信念。中国传统伦理政治思想，不仅决定了中国古代人的文化人格，而且决定了中国传统文化的民族特征。除了伦理政治型文化这一总的特征之外，中国传统文化还具有以下几个方面的显著特点。

（一）统一性与延续性

中国文化既具有连续的统一性特征，又具有一元的连续性特征。中国文化在其历史发展的长河中，逐渐形成了一个以华夏文化为中心，同时汇聚了国内各民族文化的统一体。由于中国传统文化已形成具有自我发展规律和内在逻辑联系，有较为明确又有适当弹性的质的规定性和自我完善的机能，所以能不受外部的影响，独立地发展，具有极大的空间和时间的延续性能。中国文化的统一性与延续性表现在以下几方面。

1. 政治的统一

从政治方面看，中国文化经历了持久的统一过程。夏朝建立以前，中国和其他国家一样，也有许多各自独立的部族古国。经尧舜禹三代的辛苦经营，以黄河流域为中心的中原地带已趋于统一，尽管小邦林立的局面仍然存在，但每一小邦都受宗主国的保护，他们都有共同的政治、文化中心。从殷至周，统一势力逐步扩大，周王以分封形式建立了具有宗法及婚姻关系的许多新的邦国，加强与同姓、异姓诸侯的联系，在一定程度上巩固了奴隶制国家的统一。春秋战国时期，争霸称雄的诸侯国通过兼并战争完成了地区性的统一，国家领土不断拓展，国家权力不断趋向集中。这个时期的许多文献及先秦诸子的许多论述，都从各自立场或不同方面提出统一问题。他们为未来中国统一所做的基本构想就是，不以种姓分割天下，而以天下包容各族。

2. 文化传统的承袭

中国传统文化强调前代文化遗产的价值，充分宣扬传统本身得以存在和流传的合理性，自宋以来，其质的规定性基本上已经沉积。因此，虽然它也有起伏跌宕，并多次面临挑战，但一次又一次表现出巨大的再生能力，成为世界上罕见的不曾断绝过的古老文化。以文学论，各代均有斐然成就，诗经、楚辞、先秦散文、汉赋、魏晋诗文、唐诗、宋词、元曲、明清小说连绵不绝，代代有高峰。学术上的先秦诸子学、西汉经学、魏晋玄学、隋唐佛学、清代朴学此伏彼起。这种得以延续千年的文化传统，与半封闭大陆环境提供的“隔绝机制”相关，也复惠于“农业—宗法社会”所具有的延续力。

（二）人文精神

人文精神发端于炎黄时代，经过夏、商、周到春秋战国时期，才以系统而完整的理论形态出现。中国文化的人文理性精神表现是多方面的，其基本内容是“天人合一”，其特征是内在与超越的结合，自然与人文的结合，道德与宗教的结合。中国文化既不是自然主义的，也不是僧侣主义的，而是真正人文主义的。这种人文主义滋生使原始的宗教政治化，然后使政治伦理化。

（三）注重实务

中国人为人处世的主流是注重实务，讲求功利，多数情况下对科学和技艺加以排斥。例如先秦诸子百家，儒家、法家的积极人士以政治为目的，不注重科技，道家的顺其自然更是排斥科学技术，只有墨家对技艺有所探究。历朝历代的许多学者甚至认为研究科技是投机取巧，视发明创新为雕虫小技，加以鄙视。我们应该看到，中国传统文化有许多精华，我们也应该看到，中国传统文化也存在糟粕，精华与糟粕并存。例如，在家国同构中，“孝”要服从于“忠”，由孝劝忠，即把孝亲作为忠君的手段，忠君自然是为封建统治者服务的，而且到了“君要臣死，臣不得不死；父要子亡，子不得不亡”的恐怖境地。再如，在强调“以人为本”的同时，又常常草菅人命。在小圈子里强调“群体本位”，离开小圈子，进入现代社会，特别是公众场合，对于陌生的他人，有些人往往显得没有受过训练和教育，表现得“只顾自己，不顾他人”，对他人不尊重，不讲礼貌，不守规矩。

我们也应该看到，中国传统文化具有封闭性和保守性的缺陷；中国传统文化中存在着有时妄自尊大，有时妄自菲薄的不足。当然，我们应该合理地看待中国传统文化，发扬中国传统文化中的优势，克服其不足，使中华文化不断向前发展，成为更加优秀的文化。

第三节　中国传统文化形成与发展的条件

一、地理环境对中国传统文化形成和发展的影响

中国传统文化，是在中国人民脚下这片特殊的土壤上产生和发展起来的，中华大地的自然环境和人文地理环境，是中国传统文化赖以生存和发展的环境基础。文化是人类劳动的产物。在长期的历史发展过程中，历代中国人民共同创造的灿烂的物质文明成果，是中国传统文化产生和发展的基础。中国传统文化形成和发展的过程，同时也是中华民族、中国国家的形成和发展的过程，中华民族是中国传统文化的创造主体，而中华文明的形成和发展，又为中国传统文化的形成和发展提供了特殊的社会历史环境。这一切，对中国传统文化的发展面貌及其特征都产生了重要的影响。

任何文化的形成和发展，总是在一定的地理环境下进行的。地理环境可分为两个方面：自然地理环境和人文地理环境。不同的地理环境，是不同的文化类型和不同的文化特征产生的内在基础。考察中国传统文化，首先应该对中华文化赖以生存的自然地理环境有一个总体的了解和把握。

不同的地理环境与物质条件，使人们形成了不同的生活方式与思想观念。在衣食住行方面，中国各地历来就存在很大的差别，久而久之就形成了各种不同的风俗习惯。农业民族对农业的重视和对土地的依赖，

发展成重农轻商的安土重迁的观念。但生活在海滨的人民却把海洋视为生活的必需和财富的来源，不但把渔业、盐业作为主要产业，还致力于海上交通和与海外的联系。西域（今新疆和中亚地区）的一些绿洲小国本身土地有限，又没有开发的余地，但却位于东西交通的必经之地，所以很早就以商业发达著称于世。北方游牧民族的生存条件比农业民族更为严酷，只能以迁徙和战斗来对付自然环境和异族的压力。尽管他们早就接触到汉族文化，但在物质文明方面也没有全盘接受。正因为如此，即使是在儒家思想占统治地位以后，不同的汉族地区在接受程度和表现形式方面也是有很大差异的，非汉族地区就更无一致可言。总之，强烈的地域特点使中国传统文化的多样性非常明显。

二、经济基础对中国传统文化形成和发展的影响

中国传统的经济形态是农耕经济，农业给古老的中华民族提供了基本的衣食之源，创造了相应的文化环境，规定了特定的政治道路，同时还影响了中国传统的畜牧业、手工业和商业的发展。因此我们说，农业是中国传统文化最深厚的经济基础。

中国古代的农业生产取得了辉煌灿烂的成就，在数千年的历史进程中，一直保持着世界领先的地位。经过夏、商、周三代的经验积累，中国农业生产在春秋战国时期实现了一次较大的飞跃，主要表现在铁制农具的广泛使用、牛耕的推广、水利灌溉工程的大量兴修、耕地的大量垦辟和小农经济的出现等方面。秦汉时期，由于耧车、代田法的出现及以铁犁为代表的生产工具的改进，大大提高了生产效率和生产效益，促使农耕区向西北方向扩展，江淮之间、关中也出现了大大小小的灌溉区，全国垦田面积达到 800 万顷，人口 5900 万。魏晋南北朝时期，由于北方战乱，大批人口南迁。南方农业水平迅速赶了上来，长江以南、五岭以北的广大地区及巴蜀一带逐渐成为我国重要的农业区。隋唐时期，我国农业经济重心开始移向长江流域，长江中下游地区成为中央政府的主要财政来源地，所谓“天下以江淮为国命”。宋元明清各代，中国的农耕和养蚕重心一向在南方。南方的粮草通过大运河源源不断地运往北方。唐宋以来，筒车、曲辕犁、梯田、施肥、套种、育种、园艺、农书等为代表的工具、工艺或技术远远走在了世界的前面，棉花、花生、玉米、番薯等经济作物和高产作物不断地从世界各地引进。清末，中国人口已达 4 亿。正

是古代辉煌的农业文明，才支撑了中国这一庞大的人口基数。

纵观中国古代农业生产，可以看到如下特点：一是成就突出，起步早，水平高，发展稳定且从未中断；二是一家一户、分散经营的小农经济是中国古代农业生产的主要形式；三是精耕细作，农桑结合，粮棉结合，集约化程度高。

第四节　学习中国传统文化的意义

根据中共中央、国务院《关于进一步加强和改进大学生思想政治教育的意见》文件的精神，进一步加强大学生爱国主义教育，是当前高等教育教学的重要任务。为了进一步加强大学生的人文素质教育，增强大学生的全面人文社科知识，使大学生树立坚定的爱国主义、社会主义信念，特开设"中国传统文化"课程。这一课程的开设，无疑开创了新的领域。这一新学科的建立，能使大学生开阔视野、增长知识、提高素质和开辟境界，能为大学生运用掌握的全面知识服务于社会打下坚实的工作基础。

中国人民在这些年的巨大进步，令世界刮目相看，他们无不翘首以待向中国学习。向中国学习什么？学习中国的文化，学习中国的传统文化！1988年1月，全世界诺贝尔奖奖金获得者在巴黎开会，发表了一篇破天荒的宣言："如果人类要在21世纪生存下来，必须回溯2500年，去吸取孔子的智慧。"有的学者在会上指出："孔子思想可以作为重建世界的原动力，21世纪是儒学的世纪。"

中国传统文化这门课程的主要内容是描述和揭示人的信仰、理性、情感的价值尺度和表现方式，其目的是让学生在学习中找到自我、找到对社会理性的思考和增强判断事物是非的能力，从而拓展思维视野，提高精神境界，增强民族自豪感和自信心，勇敢地面对社会与现实。

在实施素质教育，加快高等教育改革的背景下，从通识教育的角度看问题，大学生学习研究中国传统文化，概要掌握中国传统文化的发展脉络，引发学生建设21世纪新的民族文化体系的思考与实践，主要具有如下现实意义：(1)有助于了解历史，加深我们对民族的自我认识；

（2）有助于更加准确而深刻地认识我们当前的国情；（3）有助于以理性态度和求实精神去继承传统。每一个有志于为民族的未来贡献心智和汗水的中国人，都应当熟悉传统、分析传统、理解传统、变革传统。而学习、研究中国传统文化课程，正是培育这种理性态度和务实精神的最好课堂。同时，也有助于我们做好未来从事文化创新的有关知识准备。

第五节　中国传统文化对世界的意义

21 世纪的主题无论是东方还是西方都毫无例外的是现代化。面对着这一主题，人类在理智地反思：工业文明虽比农业文明进步，但并非尽善尽美，而且自有其弊病和缺陷。特别是在今天一些工业文明高度发达的国家里，这些弊病已日益明显和充分地暴露出来。现代化的发展极大地提高了社会生产力，带来了社会生活的过度物质化、功利化和外向化。物质方面的东西越来越多了，但人们精神与感情的东西越来越少了，文化精神世界呈现出空前的贫乏：个人主义的价值观导致物欲的放纵；人与人的关系变成了冷冰冰的金钱与物质关系；从狭隘的私利出发，必然造成个人的精神孤独和对人生价值的困惑，使社会陷入失衡、不协调的境地。与此同时，西方工业文明发展中还造成了环境污染和破坏，带来了全球性的生态灾难；高科技的发展与开发，有可能给人类遗留下更严峻的生态环境问题。因此，在现代化时代，如何调节人和自然、人和人的关系就成了当今时代的重大课题。面对以上问题，西方许多有识之士纷纷从中国传统文化中寻找精神资源和文化启示，以求为人类探索一种新的文化模式。西方世界对中国传统文化的肯定，主要表现在两个问题上。

其一，在人与自然的关系问题上，主要表现为对中国传统的天人合一、天人和谐精神的推崇。天人合一思想强调人与自然的和谐相处，这一思想正是西方长期以来占统治地位的“人类中心主义”自然观所欠缺的。

其二，在个人与社会的关系问题上，主要表现为对中国传统道德中的重德、贵和思想的汲取。在人与自身的关系问题上，主要表现为自觉自在自由心性的充实和尽心知性知天的理想人格的向往和追求。中国传统文化以人伦、人道为中心，重视人的群体价值，将个人的权利与其对群体的义务、责任联系在一起，更好地处理个人和群体的关系。在义利观上，主张义重于利，反对见利忘义和唯利是图，这些思想是对现代西方价值观的重要弥补。中国传统文化所主张的“内省”，即强调个人品行的修养，对协调人的心态平衡，解决现代人的精神困惑，提高文化品质也有极大帮助。

总之，在人类的历史长河中，中国传统文化是世界上最古老的文化之一，也是世界上公认的唯一长期延续而没有中断过的文化，中国传统文化历经磨难、历久弥坚，表现出了强大的生命力。面对当今世界的挑战，中国文化以其博大精深的内涵、坚忍不拔的精神，一定能在当今世界发展的历史舞台上展现风采。而一个真正有自信力的民族，应该以时代的视角思考和对待传统文化，树立一种传统文化是现代文化发展的基础的正确观点。同时，还要树立一种革新传统文化的使命感与责任感，使传统文化注入新的生命力，成为推动中华民族走向世界的原动力，从而为21世纪中国和世界文明的进步与发展作出自己独特的贡献。

第二章 中国传统文化中蕴含的装饰图案

装饰图案始终贯穿于中国历史发展的各时期，它不仅记录了中华民族的生存环境，而且更加形象地再现了中国丰富绚烂的文化内涵。提到中国装饰就不能不说装饰中出现的各种图案，它在一定程度上记录了当时社会的风俗人文，可以说是一幅幅生动的历史画面的再现。

第一节 不同时期的装饰图案

我国五千年的文明留下了无数精美的艺术设计，就图案而言，随意选择一幅数千年前的造型，就足以令今天的设计师惊叹。但由于材料的原因，这些纹样主要保留在陶、瓷、玉、青铜等硬质材料上。

一、装饰图案的起源

大约在 170 万年前的旧石器时代早期，中国境内原始广袤的土地上就已经有了远古人类的活动。这个时期的人们靠体毛御寒。到了山顶洞人、资阳人时期，出现了原始的缝纫工具——骨针（山顶洞人的骨针），用以制作服装。

图 2–1　骨针

（一）原始陶器图案对装饰图案的影响

原始装饰图案在现代社会中很难找到具体实物，但在新石器时期文化的重要代表——陶器的装饰图案中，我们可以感受到对后世装饰图案造型、构成形式的影响。

在新石器时期，人类最著名的图案艺术成就主要体现在陶器的装饰图案上，其造型和装饰的大胆夸张，中外并无区别。这是人类图案艺术的起点，同样也是装饰图案的源头。

图 2–2　甘肃省马家窑彩陶

从出土的陶器纹饰上我们可以看出，新石器时期，先民们已经掌握了一定形式美的规律和艺术技巧，彩陶中的几何图案以二方连续应用得最为频繁和灵活，创造出了“S”形（太极图形），正反相绕格外美观。对比与统一、对称与均衡、节奏与韵律等形式美法则，点、线、面等造型元素以及夸张、强调、象征等表现手法在彩陶图案中都充分显现。这些图案以艺术的手法表现了大自然、形体、运动产生的节奏感、韵律感和规律性，灵活而又美观。图案的构成或自由或格律，都与彩陶造型融为一体，从中也可以看出对后世装饰图案构成及造型的影响。这一特征同样也反映在当时的编织工艺方面。

（二）原始纺织图案的起源

陶器的出现代表着人类进入农耕社会，这促使原始纺织工艺得到大的发展。在已发掘的新石器时代的诸多遗址和墓葬中大多有陶制纺轮的出土，在我国河姆渡遗址更是出土了木质织机的部件，这都为当时纺织工艺的进步打下了基础，也使纺织图案的出现成为可能。

图 2-3　陶罐

在西安半坡仰韶文化遗址出土自 7000 多年前的陶器中，有许多带有麻布或编织物印痕，在这些印痕中已经有平纹、斜纹、一绞一纱罗式绞扭织法和绕环混合编织法。

江苏吴县草鞋山发现的三块距今约 6000 年的葛布残片，其中一块已有织出的回纹和条纹图案。以上只是纺织物的编织方法，还谈不上真正的装饰图案，但原始纺织工艺的进步对纺织图案的出现产生了重要影响这一点是毋庸置疑的。另外，从出土资料推测，新石器时期应当出现了染色和彩绘的装饰图案。在我国陕西华县新石器遗址中出土的朱红色麻片，证明当时的纺织物已经开始染色。甘肃秦安大地湾出土的人形彩陶罐，头部非常写实，在彩陶人的身上画了三层斜线三角纹，成为当时服装装饰形式的佐证。此外，新石器时期的彩陶纹饰上也可看到当时织物的几何花纹。

无论中国还是外国的原始彩陶艺术，都是原始人类生存的需求和逐渐形成的审美意识的产物。在这些古老的艺术作品身上，体现了工艺美术的一个最基本的特征，即实用性与审美性的统一。

图 2-4　马家窑彩陶

二、新石器时代

进入新石器时代，社会生产的变化更为明显。原始居民开始普遍使用磨制石器，制作较精致的装饰品，掌握了建筑技术，建立了定居村落，原始农业和畜牧业相继出现，并得到较大发展。人能利用火的威力改变事物的性质，能烧制陶器，制造铜器，就是在这样的历史条件下，产生了原始社会的纺织技术，开始了纤维衣料的使用，从根本上改变了人类的生活状况。

（一）纤维的利用与开发

人们将纤维用作衣料经历了长期的认识过程和实践过程。原始居民在渔猎和采集活动中，积累了丰富的使用纤维等先驱材料的经验。从搓捻绳索到制作简单的网具，从编结篮管席垫到编制织物，在使用这些线状体的基础上逐渐发现了纤维，终于找到了最适合人体的材料。

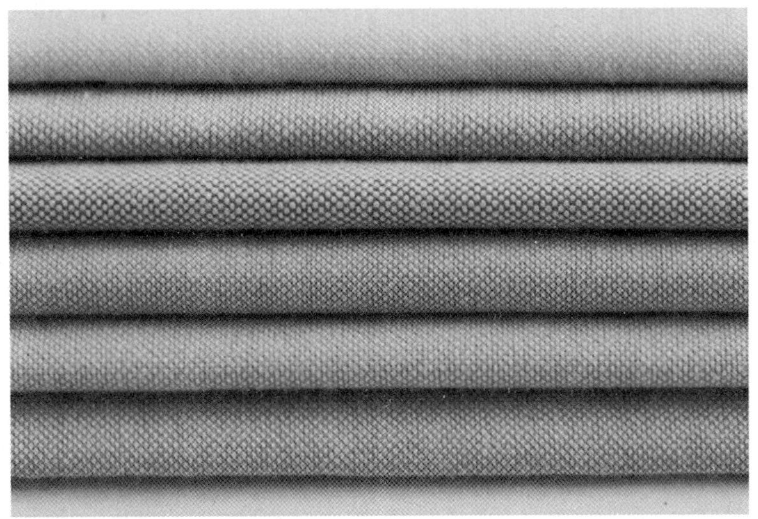

图 2–5　纤维布料

（二）原始的纺织工具

我国原始社会的纺织工具主要有以下几种。

1. 纺坠

纺坠是我国夏朝以前唯一使用过的纺纱工具，通常由两部分组成，纺轮和锭杆（捻杆）。

2. 纺轮

纺轮的材料最初用石片打制，以后多为陶制品。其造型多为圆形，截面扁圆，中心钻孔，穿插锭杆；操作时利用纺坠的自重与连续旋转的惯性，就可以将各种纤维旋转加捻成纱。

3. 腰机

腰机由两根圆棍(相当于现代织机的经轴和卷布轴)、一把木刀(用于打纬)、一个锭子(相当于梭子)、一根分经棒和一根棕杆等构件组成。由于操作时要将一根木棍系于织者腰间,故名“腰机”。

4. 骨针骨梭

骨针和骨梭是当时的织造工具,骨针除用于缝纫衣服外,还可以穿纬引线帮助编织。与山顶洞人时期相比,这时的骨针制作得更加光滑圆润,十分精巧,在许多新石器的遗址中都有发现。

(三)原始制丝业的发展

新石器时代,不论是纺织产品的质量和数量,还是纺织原料的利用和原始纺织工具的制造,都取得了较大的成就,不仅能织造麻织物、毛织物,而且还创造出世界古代史上特有的丝织物。中国是世界上最早养蚕织丝的国家,并且在公元6世纪以前是唯一饲养家蚕和织造丝帛的国家。中国人懂得利用野蚕,大约是在旧石器时代,而将蚕蛾驯化家养,并抽丝织造是在新石器时代,这已被大量的出土文物所证实。

三、夏商的装饰图案

到了商代,蚕桑、丝织技术已经相当发达,并出现了提花织物。在商代墓中出土的铜铁上面残留着带雷纹的绢痕,这是迄今为止所发现的古代织物中的唯一件提花织物。在商代的青铜器上有“屈曲蠕动”的“蚕纹”形象。1975年春,在陕西省宝鸡市西周前期的奴隶制古墓中,发现了一批仿照真蚕摹刻的玉蚕,这些玉蚕雕工精炼,形象生动。

据考证,有关装饰图案的文字记载出现在商代。商周时期的丝纺、绣染技术已经相当成熟,并出现了提花织物。商周时期,青铜器是十分珍贵的殉葬品,在埋入坟墓前往往要用丝织品包裹。因此,出土时器物表面每每残留着织物的痕迹,为我们了解当时纺织图案的情况提供了重要信息。1975年在陕西宝鸡西周墓中发现的一些铜器和泥土上有明显的丝织物和刺绣的印痕,针迹匀齐,证明我国最晚在西周时期已运用刺绣图案来装饰服装,刺绣所采用的辫子股针法直到现在还被广泛采用。

刺绣痕上附着的颜色出土时依然艳丽鲜明，这说明当时已经成功地掌握了颜料制作技术，并应用到图案制作中。装饰图案制作方法往往是染绘并用，即在织物织好后或者在绣出图案轮廓后，再用画笔添绘，周代典籍《周礼·考工记画缋》中记载的服装制作技术包括“画缋之事”，即指此而言。

通过这些珍贵的实物印痕及残片，可以清楚地看到商周时丝纺、绣染的特色，这些技巧和特色为我国传统装饰图案以织、染、绣为主的表现手法奠定了基础。

在纹饰形式上，抽象的几何纹构成了商周装饰图案风格特点。图案的装饰主要运用在服装的领口、袖口、前襟、下摆、裤脚等边缘处及腰带上，在对称和均衡的条带装饰中呈现威严稳重样式。表现形式主要是规则的回纹、菱形纹、云纹、雷纹，纹样采用了二方连续的构成形式，强调造型的规律美。

另外，在商周时期，装饰图案已经有了区别等级的功能。根据《虞书·益稷》篇中记载：“予欲观古人之象，日、月、星……以五彩彰施于五色，作服汝明。”这里所说的用“五彩”施于衣裳上，即是将十二章花纹用画与绣的方法施于冕服上。当时天子装饰可尽享十二章花纹，诸侯自龙衮而下至黼黻，士服藻、火，大夫加粉米。十二章纹世代相传，直到清王朝的灭亡。从十二章纹表现形式和象征意义来看，这些纹样是奴隶制社会精神文化的表现，图案内容的政治意义大于审美的欣赏意义，装饰图案有了标识等级、贵贱的作用。

随着人类的进化，人们逐渐具备了创造物质的能力，但还是会受到某种力量的制约，人们想要有一种超自然的力量，于是就有了图腾崇拜。各种图腾的产生使中国的传统装饰图案逐步趋于完善。史书记载，早在周代帝王时期，隆重场合便穿着衮服，即绣卷龙于上，然后广取几种自然景物，并予以含义。作为当时的代表纹样，具有一定的典型意义。

图 2-6　十二章纹

夏商两代是中国历史上奴隶制国家初步建立并日趋完善的时期。在殷商时期，社会分工不断精细，此时丝帛的生产已得到更大的发展，铜器与玉器的制作也日趋精美，给当时的上等装饰在反映王主的威严、庄重之上又增添了不少奢侈和华丽。

四、春秋战国的装饰图案

公元前 21 世纪—公元前 3 世纪，是夏、商、周奴隶制社会时期和封建制度基本确立的战国时期。这一历史阶段完成了人类社会历史上的两次社会大变革：首先，脱离原始社会的野蛮状态，建立起奴隶制的文明社会的国家；其次，在战国时期，封建制度得到基本确立，开始了中国历史上漫长的封建社会时代。

夏商两代是中国历史上奴隶制国家初步建立并完善的时期。殷商晚期，以大宗、小宗和嫡庶来区分的宗法制度已经逐渐形成，充分显示出奴隶主王权的进一步加强；到了西周，奴隶主推行的分封制度是同宗法制度紧密联系在一起的，它有力地巩固了奴隶制的统治秩序。

周代将礼分五类合“五礼”，将祭祀看作“国之大事”，从事祭祀活动的“祭服”是中国古代“礼”的等级秩序在服装上的最集中体现，王权和神权结合在一起影响了服装的基本内容。

春秋战国时期的装饰图案经历了从商至周的发展过程，在设计形式上达到了较高的水平，圆润柔和的曲线代替了方折挺拔的直线：颇具动感的格式代替了拘谨刻板的格式，风格变得清新、明快。在二方连续纹基础上演进出了四方连续纹样。在出土的此时期相关装饰文物中，显示战国时期装饰图案表现方法以刺绣和纺织提花为主。刺绣针法是单一的辫子绣针法（也称锁绣），偶尔间以平绣，并且不再如商周时期加画填彩，这标志此时的刺绣工艺已发展到成熟阶段，为今后我国装饰图案的繁荣发展奠定了坚实基础。

除龙凤、动物、几何纹等传统题材外，写实与变形相结合的穿枝花草、藤蔓纹是具有时代特征的新题材。图案不是对自然物象的直接描绘，而是采用自然物象的变化纹样，浪漫地将动植物形象结合在一起。这说明人们在图案的设计上加入了自己的主观审美意识，理想化的东西多了起来。这不仅表现出人们的审美情趣的提高，而且也使装饰纹样具有了较高的艺术欣赏价值。色彩也更加丰富，有褐、黄、紫、深绛、黑等色。

战国时期装饰纹样的题材，具有一定的象征含义，如当时最为流行的龙凤既寓意宫廷昌隆，又象征婚姻美满。鹤与鹿都象征长寿。翟鸟是后妃身份的标志，鸱鸺（猫头鹰）象征胜利之神，以上题材多用于刺绣图案中。

五、秦代的装饰图案

迄今发现的秦代丝织实物资料较少，但从秦都咸阳一号宫殿建筑遗址中发掘出来的丝绸来看，虽然大多数是平纹织法，但质地细致，并已出现了锁绣，这对以后汉代的丝织技术发展起到了一个承上启下的作用。

由于秦代的染织品实物发现较少，只能从文献记载中了解其时的装饰图案风格和工艺，总体上看秦代的染织刺绣工艺承袭战国。根据秦兵马俑服装图案的分析，秦时装饰图案集中在腰带、袍袖、领缘等部位。纹样上云纹应占较大比重,这在秦瓦当图案中可以得到印证。另外,秦都咸阳出土的丝绸,质地细致,这为汉代的丝织技术发展奠定了基础。

图 2-7　秦兵马俑

六、汉代的装饰图案

汉代中外文化交流频繁,装饰图案出现了一个崭新的面貌。提花织机能织出各种飞禽走兽、吉祥文字等图案,其色彩华美,淳朴秀丽。印花技术也处于相当成熟的阶段,其工艺水平之高超,已为大量出土的实物所证实。

云气纹是汉代工艺美术中的一种主要纹样,应用范围广泛。汉代云气纹由古代蟠螭纹或鸟纹的发展和演变而来。此时,虽已构成云纹,但仍可以在云纹中发现兽头或鸟头的遗留。

茱萸纹也是汉代十分流行的一种纹样,在丝织、刺绣工艺中作为装饰。茱萸是一种常绿带香的植物,可入药。古代茱萸纹的流行,与民俗有关。相传在农历九月重阳节,佩戴茱萸可以免灾辟邪,并可长寿。茱萸纹又称为叉刺纹,以形命名。茱萸纹在汉代服装中出现甚多。1972 年,湖南长沙马王堆汉墓出土了大量汉代织绣,其中著名绣品有三种,即茱萸绣、长寿绣、乘云绣,而这三者实际上都是以茱萸纹为主体而进行变形和再设计的。

汉代,是中国丝织发展的一个高峰,闻名于世的“丝绸之路”就是证明。由此也促成了此时装饰图案的大发展,织锦、刺绣和印染在织造工艺、图案等方面都达到较高的水平，成为中国染织史和装饰图案史上第一个兴盛时期。

织锦图案在汉代产生了将吉祥文字织成图案的装饰方法。锦在汉代称为“经锦”，即经线提花的织锦。其特点是同一图案、同一色彩组成直行排列，图案多是云气、植物以及加饰在纹样空隙之处的吉祥文字，如“万事如意”“延年益寿”等，寄托着人们长生不老、子孙众多等希望，从此不断出现的装饰吉祥图案逐步建立了一个庞大的吉祥象征体系——吉祥文字。

图 2–8　甘肃丝绸之路风光

汉代的织锦品种多，数量大，流传广，有的作为皇室的礼品或商品流传至国外。刺绣工艺在汉代也有了较大发展，针法除辫绣以外，又出现了平针绣、平针蒲绒、钉线绣等。在图案的风格上更加趋于大气、明快、多变，充满浓厚的神话色彩，一改商周时期中心对称、反复连续图案的组织形式，代之以重叠缠绕、上下穿插、四面延展的构图形式。刺绣纹样有云气纹、动物纹、花卉纹等，其中云气纹是汉代织绣图案中最普遍的一种，其特色是用流动的弧线上下左右任意延伸，构成“骨骼”，转折处线条加粗或加小块面，强调动势和力量。并以幻想和浪漫主义手法，不拘一格地进行变形，动物、花卉等主题分布其中，样式生动。根据湖南长沙马王堆西汉墓出土的装饰刺绣，归纳其有代表性的纹饰，可分为长寿绣、信期绣、乘云绣三种。

(一)长寿绣

长寿绣是以茱萸纹、如意云纹为主,气势磅礴、粗犷。绣地为绢,绢面上花穗状的流云分别用浅棕红、紫灰和橄榄绿丝线绣成,流云间穿插着深绿的云纹。代表“长寿”之寓意,因此称其为“长寿绣”。

(二)信期绣

纹饰以变形的长尾小鸟组成,似燕,燕为定期南迁北归的候鸟,在汉代,家燕的别称就是“信期”,因此命名。刺绣线条细密,轻云舒展,枝蔓卷草,连绵不断,很有后世缠枝花纹的艺术风格。

(三)乘云绣

其特点是在卷云纹中,装饰一只单眼的神鸟,穿梭于云雾之中,线条流畅,以锁绣针法绣出。

汉代云纹装饰图案多采用“S”形,其线条舒展流畅,动感强,具有左右上下呼应、回旋的特点。自由延伸的“S”形骨架表现一种大气、协调的美感,在上下左右任意延伸的线条中产生了虚实相间的节奏。其线条粗细搭配、大小穿插,在对比统一的图案形式美的法则中,有了新的创造,为后期的图案艺术造型设计奠定了基础。其他表现形式的装饰图案在汉代出现了印染方法。

七、魏晋南北朝的装饰图案

公元4世纪至6世纪,中国处于混乱的南北朝时期。战争和民族大迁徙促使胡汉杂居、南北交流,来自北方游牧民族和西域国家的异域文化与汉族文化的相互碰撞、相互影响,促使中国装饰图案进入了一个发展的新时期。

魏晋时期的分裂和战乱为佛教的发展提供了机会。人们的衣着整体上以丰满、肥壮、飘逸为时尚。人们思维的单一和对佛教的虔诚,局限了装饰纹样的发展,纹样题材多与佛教相关。

莲花纹是魏晋南北朝时期极其盛行的装饰花纹,成为时代的象征。它随着佛教的兴起而大量应用在石刻、彩画,以及陶瓷、金工、刺绣等工艺中。莲花,通称荷花,又名芙蓉、芙蕖、水芝、水花、荷华等。忍冬纹也是魏晋南北朝时期非常流行的纹样。此种卷草格式，在我国汉代的铜镜外缘即有出现，当时称卷云纹，实为忍冬纹的前身；到了唐代，则演变为繁复的卷草，往往以牡丹为母题而更加华美；到明代称之为缠枝花，到了近代又称之为香草。魏晋南北朝时期的忍冬纹多为波状组织，间以花或叶，有的是单向，有的是双向，花或叶一般呈三叉状，或三个花瓣或三个叶片与一个瓣或叶相对排列。

八、隋代的装饰图案

隋代的纺织、器皿出土实物较少，但在遗留的彩塑人物服装上可以看出有联珠纹、狮凤纹等颇具异域风格的装饰图案。

隋文帝建国之始，崇尚节俭。在装饰方面，隋文帝进行了一些改革。为了统一全国的装饰，首先在官服上严格规定，弃南北之制，依汉魏之旧。605 年杨广即位后，改其父尚俭之风，骄奢淫逸，求奇追丽。隋炀帝于大业元年下令“宪章古制，创造衣冠，自天子逮于胥皂，服章皆有等差”，制定了严格的装饰等级制度。帝王黄袍加身饰纹章，群臣、百姓不得服用黄色，自此，“黄袍”便成为隋以后历代皇帝的专用服装，黄色也成为皇帝的专用色了。

隋代在历史上仅存 38 年，其装饰没有更多的创新，主要依汉魏旧制，装饰基本以帻巾、纱帽、裤褶、柄裆圆领衫为主。在风格上，隋前期由于战乱对经济的破坏，装饰趋于俭朴；后期因经济的好转和江山的统一，装饰风格趋于豪华和完整。

九、唐代的装饰图案

在唐朝前期农业生产恢复和发展的基础上，手工业也发展起来。其中，制造业是中国有名的传统手工业，在唐朝更为发达。

唐代纹样不仅继承了民族传统，而且得到很大程度的发展，其装饰纹样兼收并蓄，别具一格。唐锦的花纹就有连珠纹、团窠纹、对称纹、散花、几何纹、晕裥等多种，这些纹样大多在唐服上有所反映。唐锦又被称为“纬锦”，多采用纬线起花，区别于前代的经线起花的传统技法，这种织法不仅可以织出更为复杂的花纹，而且可以显示华丽的色彩。

唐代首先是纹样内容的改变。唐代开始，装饰图案的题材已从原先充满神秘色彩的飞禽走兽转为充满生活气息的花鸟植物纹样。其构图活泼自由、疏密匀称、丰满圆润。唐代装饰图案中来自西方的忍冬纹、葡萄纹等颇为盛行。特别是波状的连续纹样与花草相结合后，形成了唐代盛行的卷草图案。卷草纹又称唐草，是在前代忍冬草纹构成基础上，兼受古希腊毛茛叶图案的影响，以波状缠枝连续纹为主要形式，有时点缀以仙人、童子、瑞鹿、玉鸟等吉祥物像。卷草纹在现代装饰图案中经常被运用，展示了传统纹样与现代审美意识结合所产生的意蕴。

如要反映唐代图案那种兼收并蓄、雍容大度的时代风格，非宝相花莫属。宝相花其实是一种综合了各种花卉因素的想象性图案，吸收了莲花、牡丹、海石榴花的特点，经过有意识地整理、变形夸张，花瓣层层叠叠，叶中有花，花中有叶，虚实结合，正侧相叠，色彩绚丽，以莲花为母体的端庄瑰丽的集众花之美的吉祥纹样，是我国独有的一种纹样，它是一个时代的创造。

牡丹纹在武则天时期开始大盛，被视为象征繁荣昌盛、大富大贵的花卉，宋时被称为“富贵花”；鸳鸯纹自隋唐以来大量出现在丝织物上，被人们视为美好爱情的象征，与莲花纹或牡丹纹组合形成鸳鸯戏莲、鸳鸯牡丹、鸳鸯戏水等有美好寓意的图案。还有一些中亚引进的植物及动物图案，如海石榴、葡萄、狮子等图案都带有天赐福禄的意味，唐代图案的发展也意味着吉祥图案的大发展。

其次纹样排列的变化。除传统的带状连续纹、四方连续纹，此时又出现了一种圆形适合纹。

中国传统的装饰图案惯用通幅排列和菱格骨架来表现，如汉锦和绫绮织物中。到北朝时，受西方图案的影响产生了圆形骨架的团窠排列。波斯王朝的“联珠纹”，成为晋唐纺织丝绸纹样的主流图案。这种图案的四周饰以一个个圆圈，犹如一串串珠子，因此得名。唐太宗时著名画家窦师纶，在西方纹样的基础上创新了一种具有中国民族特色的“陵阳公样”图案。他用环式花卉或卷草代替联珠纹，以中国传统动物主题替代西域诸神。这种将动物置于花卉环的团窠，在中国整整延续了数百年之久。出土于新疆吐鲁番阿斯塔那古墓中的团窠宝花水鸟印花绢，以宝相花作环，花环中的图案以水鸟为主题，是典型的“陵阳公样”。

染织工艺在隋、唐时代又达到了一个新的水平。唐代织锦大多色彩繁丽，花纹精美，配色和图案更加丰富多彩，走出了汉魏的“稚拙”，这与采用纬线起花的技术革新是密不可分的。

唐代装饰图案继承了周、战国、魏晋时期的风格，融周代装饰图案设计上的严谨、战国时期的舒展、汉代的明快、魏晋的飘逸为一体，又在此基础上更加华贵，图案自由舒展，造型雍容饱满，色彩绚丽明快，在卷草的缠绵往复的旋律中、饱满的联珠纹的反复排列中，有着欣欣向荣的情绪，使装饰图案艺术水平达到了历史上的高峰。

从唐代开始，工艺装饰中普遍使用花卉图案，其构图活泼自由、疏密匀称、丰满圆润。波状的连续纹样与花草相结合，形成了唐代盛行的缠枝图案。

唐代的蜡缬、夹缬、绞缬、碱印、拓印等印染工艺，及浸染、套染、媒染、防染等染色方法更是空前进步，蓬勃发展。许多新染料，如红花、靛蓝、苏木等，都被广泛开发和应用。在丝绸图案设计领域，则出现了窦师伦这样的名家。

联珠纹是指由许多个小圆相连接而组成的一个大圆状纹样，在唐代极为流行，具有时代特点。大体上，隋代联珠纹的小圆珠较少，唐代的小圆珠较多，一般为16—20个联珠纹的排列格式有散点排列，称为窠或簇，在四个散点的空间常填饰忍冬纹，因向四面伸出，故称为四出忍冬；也有横排或竖排相连；还有四面相连，相连的交切处再饰以小圆珠、方块或花朵。联珠纹的外形，有呈长圆形的，也有呈双重圆珠的，格式多样，变化万千。在联珠纹中，多饰有鸟类、走兽、人物等。在构图上，有单独式，也有对称式，以对称式为最多。

唐代最有特点的装饰纹样为宝相花，花大而艳丽。用于服装装饰的宝相花，是指以牡丹或莲花为母体，经过艺术加工的一种花纹，它吸取众花的形象特点，简化提炼，使之程式化、样式化，因而富于装饰美，在唐代织锦中作为装饰主纹。

陵阳公纹样是指唐代工艺美术家窦师伦所创造的丝织花样，其艺术特点是“章彩奇丽”，主要采用对称格式，如对雉、对羊纹等。这些纹样和与之风格相似的纹样，至今仍可大量见到。除一部分为自由格式外，它们多数是以联珠纹为外圈，形成圆形适合纹样，唐代称为“窠”，有独窠、两窠等锦名，窠中再饰以相对的飞禽、走兽或人物等，形成唐代的艺术特色。

小簇花是唐代十分流行的一种纹样。“簇”，从“聚”之意，即形成一朵朵小型的花簇。小簇花的外形一般为圆形，表现形式甚多，有的呈折枝状，有茎、有叶、有花；有的呈向上直立状，茎叶在下，花朵在上；有的呈环绕状，即枝叶呈环形；有的向两边伸展，呈横椭圆形。小簇花，有的有枝有叶有花，有的只有花和叶，有的则只有叶而无花。唐代表现花卉，常为花叶并重，对叶也有描写。唐代以后，只突出花朵，而对叶作次要处理，所以常见花叶并茂，体现了富丽丰满的艺术效果。小簇花有图案式，也有写生式：图案式较多样化，精练简洁；写生式比较写实，宋代时称生色花。

图 2-9　唐帝王臣僚装饰（敦煌壁画 220 窟）

十、宋代的装饰图案

宋代是中国封建制度转向衰落的时期。唐代的“安史之乱”引发了潜藏已久的种种危机，导致中国封建社会的经济结构发生了巨大变迁，土地国有制——均田制崩溃，庶族地主经济与小自耕农经济迅速发展，占据了社会经济的主体地位。中国文化从相对开放外向、色调热烈的唐文化，转向相对封闭、内向、色调淡雅的宋文化。公元 960 年，赵匡胤建立宋，结束了五代十国分裂割据的混乱局面。

宋代装饰虽然拘谨保守，但图案比较丰富，当时有一年景、婴戏纹等流行纹样，还有万字曲水纹锁子的几何图案。

十一、辽金元的装饰图案

辽、金、元是中国古代三个少数民族建立的统治政权。辽代以契丹族为主，金代以女真族为主，元代以蒙古族为主。他们分别生活在中国的北方和东北地区，生活习性、衣冠装饰与汉族截然不同。这三个时期的礼服制度既沿袭汉、唐、宋特点，又具有本民族的特色，他们与汉族间的经济、文化等方面的交流，在衣冠装饰上有明显的体现。契丹是与汉族文化接触较早的民族，契丹八部在北魏时就与中原有贸易往来，唐朝初年，契丹就组成了依附于唐朝的大贺氏部落联盟，唐朝在契丹地设松漠都督府。

公元 907 年契丹建国，国号契丹（后改为辽）。公元 938 年—947 年的十年间，是契丹汉化的最重要阶段，虽后来辽撤回故地，但其官服、衣冠制度大致定型，沿袭唐、五代的汉族衣冠制。其特征为：左衽、圆领、窄袖、紧身，其服装色调较为灰暗。

公元 1125 年金灭辽。金的兴起与社会制度的变化，比辽更为迅速，这注定了女真族的文化更多地保留有本民族的特色，而不像契丹那样几乎汉化，金代的装饰基本保留女真族的形制。女真所处地境寒冷，因自然环境的影响，女真人常用动物皮革缝制衣服，人们喜好白色，并选用一些与身边自然环境相似的颜色，衣服上的花纹也以熊鹿、飞鸟、山林花草为主，这与严寒地带和狩猎为主的生活息息相关，显示其文化的原始性。由于社会生产力的发展，女真衣着由简入繁，并逐渐汉化。金世宗章宗都多次敕令女真人，不得着汉人衣装，犯者抵罪，但女真汉化却成为一种潮流趋势，不可避免。与此同时，金统治者推行的汉人女真政策，更推动了汉人与女真人的融合，使女真衣着，发式也在汉人中间流行起来，形成了独具特色的汉女真服装，使黄河以北的汉人服装与南宋汉服相异。

十二、明清的装饰图案

宋元以来，随着理学的发展，在装饰艺术领域反映意识形态的倾向性越来越强化，社会的政治伦理观念、道德观念、价值观念、宗教观念都与装饰纹样的形象结合起来，表现某种特定的含义。明代图案在继承前代图案的同时，创造并丰富了谐音和寓意吉祥图案，几乎是图必有意，意必吉祥。其应用渐近程式化，成为专门的纹样格式。吉祥图案利用象征、寓意、比拟、表号、谐音、文字等方法，以表达它的思想含义。

除吉祥图案，龙纹图案在明代不断发展完善，出现了团龙、坐龙，行龙等程式化形象。

图 2-10　龙纹

明代最具代表性的装饰图案除吉祥图案之外，就是表明官员级别地位的补子图案了。

清朝是满族建立的政权，其装饰制度，既保留了汉族服制中的某些特点，又不失其本民族的习俗礼仪。如以中国传统的十二章纹作为礼服、朝服的纹饰图案，以绣有禽兽的补子作为文武官员职别的标识，以金凤、金翟等图案作为后妃命妇冠帽服装上的装饰。

图 2-11　仙鹤

图 2-12　凤凰

清代装饰风格的确立与精致的装饰纹样分不开，特别是旗袍和大袄。旗袍图案中对花卉图案的运用是一大特色。花卉图案在其发展过程中阶段性非常明显，并且在继承传统的基础上进一步多样化。

旗袍和大袄很讲究在领口、前襟、下摆、袖口加以精致细密的镶滚装饰，随着晚清产生的讲究繁缛的艺术风格，导致装饰的纹样繁杂堆砌，这促使刺绣、镶滚等缝纫技艺发展至顶峰，服装边缘的镶滚也从早期的三镶五滚，后来发展为十八镶滚，以至连衣服本料的面目都显露不多了。堆砌的装饰接近欧洲洛可可纤细、华丽、繁缛的风格。

明、清时期的装饰图案及染织、刺绣工艺在继承前代传统的基础上，革新创造，使品种更加繁多，工艺水平日益提高，内容也比过去丰富得多。

清代的印染图案设计风格，既有明代的传统借鉴，同时又受到外来纹样的影响，显得纷繁、多样、复杂，色彩有淡雅、柔和的，也有华丽、强烈的，但总的感觉是其风格过于繁缛、精细。

缠枝花的花茎呈波状卷曲，彼此穿插缠绕，又称为串枝花、常青藤，有永远常青、连绵不断的吉祥意义，是明代甚为流行的一种纹样，多见于明锦和明瓷装饰中。因缠枝的花朵不同而有各种名称，以牡丹为花头的叫缠枝牡丹，以莲花为花头的叫缠枝莲，以菊花为花头的叫缠枝菊，以牡丹、莲花、菊花等为花头的叫缠枝四季花。缠枝花的图案组织呈网状，向上下、左右四个方向伸展，故缠枝花的名称与折枝花是相对而言的。

图 2-13　刺绣纹样

吉祥图案是用具有吉祥意义的图形或文字组成的一种装饰纹样。此种纹样自明清以来最为流行，所占比例极大。

由过去"织金锻"发展而来的"妆花锻"就是明代丝织工艺的重大成就，它在实地纱或方目纱上提花加金彩制成，图案色彩艳丽、层次丰富、表现细致入微。缂丝到了明代在苏州继续生产，发展到清代则更加提高，能运用多种缂法，同时用画及绣来补充缂的不足，使图案的艺术效果更为丰富。明清两代印染技术由于纺织业的发展而相应地提高，各式印染丝绸、棉布更加普遍。《天工开物》"彰施篇"中记载当时染制的颜色多达四五十种。不仅有单色花布，而且还能制造各色浆印花布，尤其是质朴的蓝印花布深为劳动人民喜爱，并一直流传至今。

纵观我国装饰图案发展的历程，其发展脉络清晰，是一个不断传承、创新和吸收外来文化的过程，这为我们的装饰图案设计积累了丰富而珍贵的研究、借鉴资料。

第二节　传统装饰图案与现代设计的结合

一、传统图案形象在现代艺术设计中的应用

时代不断地进步，许多事物在今天看来，有些已经不合时宜。中国民间图案应用到现代设计中，保留其精华神韵，并以现代的手法，在材质运用、环境条件的配合下，加上设计概念的适当发挥，使图案的价值增大。

（一）化繁为简

中国民间图案经历了漫长岁月的淬炼，具有典雅的风格与深度的内涵，它蕴含着先人们的无限巧思，如能将图案精髓保留，以现代设计观念精简图形，保留原创的部分，而非囫囵吞枣，必然呈现新的面貌。冰裂纹是民间图案中一个非常出色的经典案例，它的创作取材于现实生活中冬天河川湖泊结冰的裂纹肌理效果，是由一条条相互交错的短直线接触而产生三角形、梯形及不规则形等变化多样而在视觉上统一的图案构成的。因为它是由线组成的一个虚面效果，所以在中国建筑中大多运用于窗户的装饰或屏风中，既可以分隔空间，又不会阻碍光线。冰裂纹在东方美学虚实相生的观念中代表了优雅的美感与气质，当今，不少室内设计师在以江南为主题的环境设计中都非常喜欢借用。如现代室内设计中，就常以冰裂纹图案组成的天花板作为吊顶，在简单的色调以及灯光环境映衬下，古典气息和现代感同时散发出来。

（二）图案解构

图案解构就是对图案本身进行解体再组合，具体表现手法可以有多种，比如使其多义化、歧义化、反讽、搞笑等。解构设计对中国民间图案艺术原有的表意法进行了更游刃有余的解体和重组处理。

在现代地方特色旅游商品开发的某些方案设计中，也注入了现代设计构成原理，对本土民间图案进行现代意识的解构分析，从民间图案中截取某种纹样元素，然后进行分拆、重组、嫁接。传统的民间图案被现

代设计解构，原来的形式和色彩丧失殆尽，让这些传统的民间图案充当新的图形角色，并以新的运动方向及未有过的表现方式呈现新的视觉感受。这种图案元素的显著品质被变形夸大，变得纯粹、简单，构建起不一样的视觉体验和张力，使图案构造变得活泼而不一样，形成富有现代视觉美感的包装样式。通过别致的产品外包装使游客产生一种无法抗拒的新鲜感和吸引力，但它所蕴含的中国传统文化精髓依然潜藏在商品之中，而消费者购买的正是这种潜藏在商品之中的别样文化内涵。

（三）中西合璧

我们现在所认识的“现代设计”是西方文化熏陶下的产物，西方视觉设计经历了20世纪“现代主义”的洗礼，对历史元素的应用严加批判，曾一度以简约、无任何历史联系的视觉语言为标准。如果细看当今西方年轻一代设计师的作品，可以发现以西方传统图案作为视觉元素的例子不胜枚举。这些设计师致力于为传统元素注入现代感，这与“后现代主义”观念的兴起是分不开的。他们将中国传统图案与西方的现代设计巧妙地融合，自成一格。创新需有兼容并蓄，但务必要有合理的组合构成与色调处理，才能自然呈现另类新意。

二、传统图案构图在现代艺术设计中的应用

（一）圆形构图

从古至今，圆形就象征着美好、圆满、和谐、统一的意义，是一种最简略的视觉符号形象。可以说是中华民族最为古老的哲学和美学思想。

图 2–14　圆形构图 1

图 2–15　圆形构图 2

图 2-16　圆形构图 3

（二）S 形构图

S 形曲线上是一种对称之美、平衡之美和中和之美的代表，因而被公认为最具美感的，最原始的形体元素。图形中的一动一静，蕴含着朴素的唯物辩证观，可以理解为中国哲学核心思想的精华所在，历久弥新，在现代平面设计中，运用极其广泛。

（三）对称与运动

对称是中国美学的一个基本原则。在艺术设计中，太极图形属于反转对称图形，也可以称之为旋转对称。它并不是单纯的左右对称，而是一种旋转的对称，静中有动，富有张力。如中国网通的标志。将双“C”进行了对称式的旋转组合，巧妙地把中国网通的全称缩写融入其中，构成了“CNC”整体造型，象征企业无限的生命力。

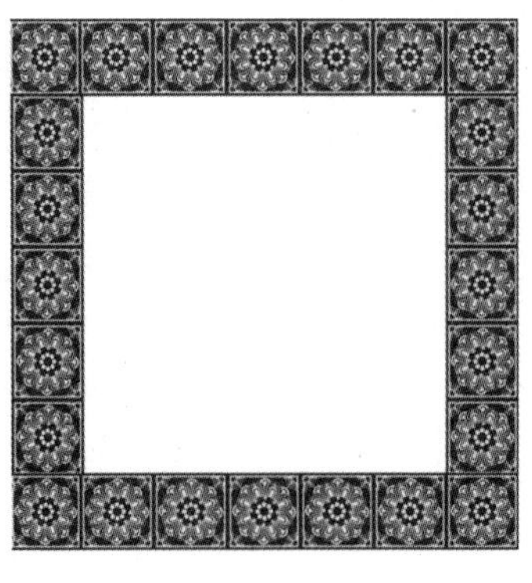

图 2-17　对称构图 1

图 2-18　对称构图 2

图 2-19　对称构图 3

三、传统图案色彩在现代艺术设计中的应用

(一)传统色彩元素的提取

色彩提取的过程是建立在对画面整体与局部色彩关系的把握上的。综合判断、反复比较后才能确定最终提取的色彩数量和色彩要素之间的比例。

在色彩提取的过程中,应当注意以下两点。

1. 体现民族审美内涵

传统艺术体现了劳动人民对色彩美的应用观念及色彩特性的认识,是以色传情、以色表意的特殊语言,色彩美也是我们从事现代设计最为薄弱的部分。传统艺术的色彩是人们对和谐、美满、吉祥追求的体现,是心灵愿望的凝结,是审美的流露。

2. 概括、提炼、梳理

传统色彩在其中的应用要经过概括与提炼,具体问题要具体分析,设计师可以适当地加色或减色来梳理色彩结构,使色彩的应用更好地满足现代人的审美需求。

(二)现代视觉设计要与传统色彩的寓意性相结合

人类为色彩赋予了人性化的情感和文化内涵的特征,色彩也滋养了人类的审美文化。色彩的象征性是在人类的发展历程中逐步形成的,是色彩作为一种观念或理智的表征，这种象征性的意义产生于人对色彩的特定联想。现代视觉设计中的色彩充分运用这种文化内涵和情感特征来吸引人，也因此使得视觉设计的色彩愈发具有明确的目的。

（三）现代视觉设计要与传统色彩装饰审美性相结合

传统色彩是精神与物质统一的结果，是附着于物质载体之上的美化符号，同时也是审美观念的艺术表现。它象征着一定的精神内涵和情感意念，通过自身的形式，体现自己的审美价值。

1. 结合时代感

分析传统色彩规律，可以发现色彩的应用并非一成不变的，但是我国传统文化的基本理念始终贯穿于色彩的审美文化之间。无论传统文化经历了多少坎坷起伏，发源于华夏的文化特征却从未改变，传统文化的本质表现始终如一。

2. 要注意以色写意

从中国的水墨写意中，可以感到人们对于艺术的最高追求不是真实地再现客观世界，而是讲究“气韵”和“心灵”。水墨绘画讲究“以气韵胜”，所谓气韵是指艺术或文学的不同风格，绘画或文章的韵味和意境。

（四）现代视觉设计要与传统色彩对比美相结合

传统色彩在表现的对象中受到很强的局限性，显示出一定的装饰性意味，其用色自由，主观性强，原色使用的频率较高。在通常的设色过程中，色相对比、明暗对比、补色对比综合应用，使色彩产生强烈的装饰效果。现代视觉设计追求“先声夺人”的视觉效果，色彩更加追求个性化、特别化，这样才能在诸多设计中使人眼前一亮。

（五）传统图案技法在现代艺术设计中的应用

在历史的发展和演变中，呈现出了多种样式，这种即统一又多样化的图形，代表了民族的智慧和精神。这些传统图形随着历史的发展逐步形成中国特有的传统艺术体系，随后也运用在生活的各个方面。

1. 字体设计

艺术是人们实践经验的总结，包括中国的书法，其字体和书法就是并行发展的。它经历了象形文字、金文、鸟虫体、篆书、宋体印版等许多发展书体，发展到现代设计领域，便以字体设计的称谓运用在设计当中。其实二者之间有着很多的异同点。

中国书法艺术是线条艺术，其线条的多样性和丰富性为书法艺术的鲜明特点，它在书写中表现出的多变化、多物象、多形态特征都和现代字体设计要求在很多方面是一致的。而这些特征的出现，也为现代字体设计装饰性和简洁性方面提供了方便。

2. 广告设计

广告发展到今天，它已成为社会文化的一部分，已成为一种广为传播的媒体，可以这样理解，广告既是商品的推销者，又是文化的传播者。广告以文化为载体，文化借广告传播，它们互相依存，共同发展，为人们的生活服务提供了很多方便。

3. 包装设计

在现代包装设计行业，运用传统元素创意的包装设计不乏其列，因为它是中国民族风格的表现和展示。民族风格是一个民族的审美习惯、审美心理、文化传统等的集中体现，它是历史积淀与文化传承的结晶。一个民族风格的形成因素有两个方面：一方面是民族审美意识，另一方面是设计的表现形式。

四、传统图案在现代染织艺术设计中的应用

传统图案在现代染织图案设计中的应用，包括装饰面料图案设计和室内纺织品图案设计两个方面。其具体的表现形式根据不同的产品品种、使用目的及装饰部位等，可分为单独图案、适合图案和连续图案等。

（一）在单独图案设计中的应用

单独图案是具有完整性和单项美的图案形式，它适用于手帕、靠垫等单件纺织品以及服装的局部装饰等。单独图案除了自身具有独立的

装饰价值外，还是构成适合图案和连续图案的基础。单独图案由于组织结构严谨、造型完整、形态自由、外形独立，它可以自由处理形象，不受装饰空间外形的限制，因此又叫做“自由纹样”。

（二）在适合图案设计中的应用

适合图案是组织在一定外形范围内并与之相适应的独立完整的装饰图案。适合图案的设计要求图案结构严谨、构图完整，与所装饰的外形有机结合，并且图案的组织既要适合外形又要合理自然，达到图案形象、组织结构与装饰外形的完美。适合图案适用于染织靠垫、台布、头巾以及服装纹饰等。

（三）在二方连续图案设计中的应用

连续图案是以单独图案为基本单位，以组织形式或骨架结构为其连续排列的依据和规范，将一个或多个单独图案按照一定的组织形式重复排列连接而成的装饰图案。连续图案显示了条理与反复的形式美，具有很强的装饰效果，适合连续化的生产加工，广泛应用于各种日常用品的装饰。

连续图案的组织形式通常分为二方连续和四方连续两种。

二方连续图案是运用一个或一组单独图案向上下或左右两个方向反复连续排列构成的图案形式。而无论是横纵排列，二方连续图案都是呈带状的，并通常用作边饰，因此又叫做带状纹样或花边纹样。

二方连续图案在实际应用中常作为室内纺织品、装饰以及建筑、包装、日用器皿等的边饰。此外，二方连续图案有时还与适合图案配合应用，成为复合型装饰图案。

传统图案在现代二方连续图案中的应用，多半是将其形象分解变形后，再按照散点式或连续式等二方连续的组织形式，将其组织起来构成图案。

（四）在四方连续图案设计中的应用

四方连续图案是以一个或几个单独纹样，按照规定的组织形式向上下左右四个方向连续反复排列，并可无限扩展的装饰图案。四方连续图案适合于大面积的装饰，常用于室内纺织品、装饰面料，以及壁纸、瓷砖等的装饰设计。

五、传统图案在现代装饰画艺术设计中的应用

装饰画不同于一般的绘画，它是运用形式美的规律和法则，通过夸张变形等各种装饰手法，结合各种工艺材料，充分发挥想象力和创造力，创造出的具有独特的装饰美感的绘画形式。

传统图案在现代装饰画创作中的应用，通常根据装饰画的主题与构思，或借鉴传统图案的构图形式，如平视体、立视体、格律体等，或将传统图案的形象经分解后（大部分还需要变形整理）重新组合，再经装饰色彩和装饰手法的处理，最终创作出体现民族文化传统，又反映时代精神的现代装饰画。

多子多福、喜得贵子是中国人传统的吉祥观念，由此而衍生出的麒麟送子、连生贵子等送子系列的年画和吉祥图案，为历代中国老百姓喜闻乐见。许多作品以此为主题，在造型上吸取了民间刺绣图案的特点，并加以归纳概括，在色彩上调整统一，使作品既保留了民间美术稚拙可爱的特色，又具有现代装饰画的审美风格。

图 2-20　装饰画《静》

图 2-21　装饰画《悟》

图 2-22　装饰画

(一)对经典传统装饰图案的应用概述

1. 云纹的应用

云纹图案寓意步步高升、祥瑞如意,造型本身具有生动性,且装饰感极强。云纹并不是单一的一种形式,其又分为云气纹、流云纹、朵云纹及叠云纹等,常与各种寓意吉祥的图案相结合。

图 2-23　云纹

图 2-24　蝙蝠祥云纹

2. 回纹的应用

回纹高古雅致，意境深远，由陶器和青铜器上的雷纹衍化而来，寓意"富贵不断头"，"吉祥无边"。回纹富有整齐的韵律感和极强的形式感。

3. 万字纹的应用

万字纹古代蕴意着万寿、万福的吉祥之意，被认为是火或太阳的象征。由于万字纹的特殊蕴意，古代许多皇室都大力提倡使用万字纹，因而其使用十分盛行。

4. 龙纹的应用

龙纹，又称"夔纹"，龙是古代的传说动物，为四大圣兽之一，象征着权力、地位和祥瑞，是中国古代文化的主要象征符号。

（二）在现代室内装饰中的运用

质朴的彩陶纹样、狞厉的青铜纹样、华美的宝相花都是设计灵感的来源，将这种古典的气质与典雅的氛围用现代的装饰手法诠释出来是设计师永恒的课题。

1. 图案在家具设计上的运用

牡丹是盛产于我国洛阳的名贵花卉，被称为“花中之王”，又有“天下真花唯牡丹”的美称，蕴意着吉祥富贵，是中国传统装饰图案的经典代表之一，广泛应用于室内装饰设计中。

“寿”字自古以来就运用广泛，是国人最喜爱的汉字之一，表达了人们盼望长寿的美好愿望。

2. 传统装饰在墙面上的运用

在现代家装市场，壁纸已被广泛地运用，无论是居室装修还是办公室装饰，壁纸都越来越受到人们的青睐。壁纸可以说是传统装饰图案与现代设计及装饰材料结合的最佳载体。

图 2-25　传统印花壁纸

空间立面装饰也可以采用木雕、版画的形式来展现。同时，不同形式的立面柱在现代室内也用不同的图案进行装饰，建筑墙体彩绘运用的图案通过现代设计的改造往往显得更为丰富多样。

图 2-26　传统装饰在墙面上蓝色设计

图 2-27　传统装饰在墙面上灰色设计

图 2-28　传统装饰在墙面上棕色设计

3. 传统装饰在天花板上的运用

在现代室内的天花板设计上，为避免给人压抑烦琐的感觉，一般不采用大面积的图案装饰，以简单、舒适、美观为主。

4. 传统装饰图案在隔断上的运用

隔断在室内设计中也占据着十分重要的地位，主要有帷幔、隔墙、屏风等形式，其主要的作用是对室内空间进行不同形态的分割。

图 2-29　传统隔断

图 2-30　中式隔断

图 2-31　隔断

（三）在装饰材料中的应用

在现代室内装饰中，墙纸、墙布等新型装饰材料的运用也较为广泛，一般大量运用中国传统装饰图案，是传统图案展示的重要媒介，具有典雅、精致、古今相结合的特征。可见，传统装饰图案完全可以结合崭新的艺术语言，在新型装饰材料上完善并升华自身。

六、传统图案在现代环境艺术设计中的应用

进入 21 世纪的现代建筑及其室内设计，全球化与本土化融合是新的发展趋势。可以说 21 世纪的环艺设计是利用现代科技手段，将艺术、人文、自然全部结合在一起，创造出具有较高文化内涵，合乎人性的生活空间的创造活动。

在设计风格上打破现代派和后现代派的局限，朝着综合多样且具文化个性的方向发展。因此，对地域、个性风格的尊重与传统风格的创新，以现代化为基础的民族文化在现代环艺设计中将发挥越来越大的作用。

环艺设计地域特色、个性风格的表现是建立在对本地区或本民族传统文化的挖掘、继承与借鉴创新基础上的，并对外来文化兼收并蓄，把不同民族、不同地区文化加以吸收、改变并将两者融会贯通，发展成为

多元的，具有地域民族特征的现代设计。

在现代的环艺设计中，我们应继承中国优秀的环艺设计传统，保留和发扬民族独具特色的风格与形式，在吸收消化传统的基础上，开创符合现代需求的环艺设计样式与风格。现代建筑设计中民族风格多种多样，有的是将具有民族风格的中国元素直接运用到建筑中，也有的将其中国韵味设计和现代设计重新结构和构成。

（一）合并型

从20世纪50年代开始，中西合璧的风格的建筑作品很多是中国传统建筑风格和西方建筑形式的经典作品，总体感觉清新脱俗，古朴典雅，具有浓郁的民族性和地方性，在我国城市规划建筑史上占有非常重要的地位。

（二）装饰型

一件建筑作品就是一个民族情感的表达，情感符号是由于长期的文化积淀形成的。如苏州园林、苏州博物馆。苏州园林整体布局形式和建造都是用一级黑白灰的色彩来表现的，使江南园林与大自然完美结合。

图 2-32　苏州园林网师园

著名建筑设计师贝聿铭先生设计的苏州博物馆也将传统建筑和西方建筑的空间优化原理进行很好的融合，再利用现代化的技术、材料，使得整个建筑特征和地方特色建筑相得益彰。

图 2–33　苏州博物馆

图 2–34　苏州博物馆与湖

（三）含蓄型

含蓄是中华民族的情感的表达形式，含蓄能达到一种境界，意味即意境。从设计意义上讲，含蓄能提高艺术设计的感染力，启发想象。

第三节 装饰图案的创意与造型

我国传统图案纹样林林总总、千变万化。因其附着载体的不同从而产生了陶器造型图案、青铜造型图案、壁画造型图案、织绣造型纹样以及瓷器造型纹样等。中国传统图案虽然一直在不断演化，但从整个历史时期来看，并没有超乎寻常的变化和明显的断代。可现如今，科技发展，社会进步，人们的审美发生了很大的改变。传统的图案要想快速适应当下的社会需求，就必须进行再设计，逐步生活化。

一、彩陶图案的创意与造型

（一）彩陶造型图案

在中国传统手工技艺之中，陶瓷是产生最早、流传最久远、体系最复杂的一种重要的技艺形态，其制作工艺复杂精湛，制作流程严谨规范；不仅如此，它也是与历代风俗、生活、礼教、科技等关系密切的一种物品。陶瓷由于和器用息息相关，因此它不同于其他艺术形式的局限性，往往流通于各阶层之中。加之中国幅员辽阔，各地区的土质、釉药、燃料和烧制方法都不同，因此产生出来的陶瓷各具特色，地域性和时代性风格特点鲜明。

制陶工艺的出现是新石器时代的标志之一。其中出土彩陶最具代表性的主要是仰韶文化和马家窑文化。

1. 仰韶文化

仰韶文化以半坡类型和庙底沟类型为代表。典型器皿有圜底钵和盆、小口细颈大腹壶、直口尖底瓶和葫芦形器等。陶器的装饰方法有彩绘、捺印、划纹、堆饰等，以宽带纹为主。装饰纹样主要有三角纹、斜线纹、波折纹、人面纹、鹿纹、蛙纹、鱼纹等，均为黑绘，其审美特点是既简朴又粗犷。

2. 马家窑文化

马家窑文化最有代表性的类型有石岭下型彩陶、马家窑类型彩陶、半山类型彩陶、马厂类型彩陶等。在造型上同庙底沟型彩陶大体相同，主要有壶、罐、盆、钵等，以小口壶、双耳罐最具特色。常绘黑彩，也有黑白两色和黑彩中加绘红彩的。常用的纹饰有波纹线、弧线、圆点纹、宽带纹、条纹、格纹、人面纹、蛙纹等。

马家窑文化彩陶器形多样、装饰丰富活泼，足可代表中国原始彩陶工艺的最高成就。

综上所述，彩陶主要有黑、白、红三色，类型有彩陶、黑陶、印纹陶、红陶、灰陶以及白陶。艺术手法上除对称和二方连续外，还创造了四方连续。从设计造型与纹样装饰来看，原始时期的陶器已经基本定型了。

（二）彩陶的装饰图案

根据现有的资料，可将陶器纹饰分为几何纹、动物纹、植物纹和人物纹。

1. 几何纹

指用直线、斜线、三角形、圆点及波折状的线条有规律地排列而成的纹样。常见的几何纹有方格纹、网纹、波纹、三角形纹、圆圈纹、指纹、连珠纹、宽带纹、绳纹、篮纹、雷纹、山纹等。这些纹样大都从生活实践中模拟而来，具有较高的审美情趣。

2. 动物纹

指模拟动物形态的纹样。常见的动物纹有鱼纹、鹿纹、鸟纹、蛙纹、羊纹和壁虎纹等。用动物纹作彩陶装饰的，以半坡类型的陶器最具特点。

鱼纹是最常见的动物纹饰之一，分单体鱼纹和复体鱼纹两种。单体鱼纹的头、尾、鳍、身等俱全；复体鱼纹是由两条或两条以上的鱼纹组成的图形，有的两鱼相叠，看不见鱼头；有的两鱼平行叠压，鱼身与鱼头合在一起；有的两鱼相叠，只有一个鱼头等。

3. 植物纹

指模拟植物形态的纹样。主要有叶纹、瓣纹、树纹、谷物纹等。

4. 人物纹

这类纹样多表现人的面部（也有结合鱼纹的），全身描绘较少。

（三）彩陶的装饰图案分析

彩陶纹样可以说是人类艺术创造活动的开端，呈现出的是自然古朴之美。彩陶纹样简洁大方，大都由平日劳作中所熟悉的事物如植物经脉、叶子、花朵、绳纹、网纹，动物如羊、鹿、鱼、鸟、虫，几何纹样如波纹、云纹、菱形纹、雷纹、圆和同心圆、回纹等组成，当然其中还包括对天地、祖先、神灵等抽象概念的图解。彩陶纹样多以单独纹样以及二方连续、四方连续的形式体现，线条气韵生动、流畅，整体感强，为我们今天的设计提供了大量的素材资料。

受象形文字的影响，在中国的传统装饰图案中，一些图形要素很早就体现出了抽象的符号特征，极具主观概括的审美意义。概括抽象的特点，在仰韶文化中期的彩陶中有明显体现。当时的鱼纹开始向简易几何化发展，如鱼头由不规则的自然形逐步变化为几何形、梯形，鱼的眼睛最终消失，嘴部变形成弧线边的三角形，鱼头和鱼身抽象为椭圆形、三角形纹饰。后期鱼身演化成各种几何形花纹，黑白两色相间。

另外一种变化是鱼的数目增多，通常是两条鱼形上下并联构图，由直线写实的鱼形，逐渐变化为三角形或弧线椭圆形。

有时出现鱼、鸟、人三种图案为一体的复合形，如人与鸟、鸟衔鱼、人与鱼等，周围衬以水的波纹，营造一种动态的意境。

人形纹则大多是双手举起、顶天立地，形成一种人力战胜自然的势态，后期肢节增多并渐渐省略头部，最终成为像某种树木的枝丫形状，这就是后来抽象的几何折线的雏形。

（四）彩陶的纹饰符号特点

第一，彩陶的主要纹样大都以自然中的动物、植物作为主要描绘对象。体现出人与自然和谐相处。第二，纹样具有象征意义，发展趋于几何化、平面化，并逐步提炼成为一种符号。第三，彩陶纹样具有可重组特征,如人、鱼同组成一组图案。

（五）彩陶装饰造型图案的再设计

在现代设计中,借鉴传统纹样有两个方面可供挖掘：第一,借用传统纹样中具有代表意义或现实意义的局部图形,提炼符合现代精神文化需求的形象要素,加以组织完善,以现代生活的实际需求完成所需设计。第二,借用传统纹样中典型的色彩元素,在现代设计中合理搭配,创造出既有传统审美,又有现代审美情趣或怀旧情调的设计。

二、青铜图案的创意与造型

商周时期产生了光彩夺目的青铜文化,并完成了由青铜时代向早期铁器时代的转变。可以说商周时期是青铜器的巅峰时期。之后经历了千余年的发展,形成了独具特色的青铜文化。

（一）青铜造型

青铜器是奴隶社会最具有代表性的艺术品,分为礼器、乐器、兵器、工具及车马等类型,其装饰纹样内容多样、手法独特、结构严谨,显示出威严、端庄、肃穆、凝重的特色。青铜的用器和礼器有鼎、鬲、甗、簋、爵、罍、觯、觚、斝、尊、壶、卣、敦、盘、盉、簠、盨、勺、鉴等,武器有斧、钺、戈、矛、刀、剑等,乐器有钟、铎、镈、钲等。

（二）青铜的装饰图案

青铜器的纹饰,有动物纹、自然气象纹、几何花纹,常见的有饕餮、夔、龙、蟠螭、虺、象、凤、鹤、蝉、蚕以及云、雷、波浪、漩涡、三角、方格、菱形、连珠、绳索、沙粒、垂幢等。代表性的装饰图案有饕餮纹、夔龙纹、凤鸟纹和象纹等。基本上是从一些凶猛的动物原型的表情、神态抽象出来的图案。青铜装饰图案的组织结构有二方连续、主体装饰、分区构图等。

1. 饕餮纹

这种纹饰是一种幻化的形象,一般以器物的两乳为圆眼,器物的棱角作鼻梁,又饰之以嘴、两角。它的形状如牛又似虎,也像兕。表现形式多为对称,突出正面造型,常施于鼎的腹、腰及口下。商至西周极盛,并多衬有云雷纹。西周后期，常用于装饰器耳或器足。

2. 夔纹

一种近似龙纹的怪兽纹，常见于商代纹饰中。特征为一角、一足、张口、卷尾，一般多描绘其侧面。变化形象很多，如两头变纹、蕉叶夔纹、三角变纹、蟠夔纹等，以适应不同部分的装饰。

3. 凤鸟纹

凤也是一种传说中的动物，为群鸟之长，是羽虫中最美者，飞时百鸟随之，被尊为百鸟之王。青铜器上的凤纹为羽毛美丽的鸟形，头上有上翘或下垂的羽冠，有的冠作三叉戟式，长翎垂尾或长尾上卷，作前视或回首状。盛行于商至西周时期，商代多短尾，西周多长尾高冠。

4. 虎纹

一般都构成侧面形，两足、低首张嘴、尾上卷，也有以双虎作成圆形适合纹的。初见于殷代中期，流行时期较长，一直到战国时代。

5. 鹿纹

一般纹样多两鹿相对，回首，作跪伏状。有的有角，有的无角。施于卣、簋的口部或底部。通行于西周前期。

6. 象纹

殷商时期，中国中原地区尚有野象。甲骨文中，有殷王猎象的记录。图案特征：长鼻、象牙表现明显、象身饰螺旋纹、四周填云雷纹。在象纹中，还有象首纹、象鼻纹、垂叶形象鼻纹等。

7. 牛纹

牛纹装饰于器腹上部，为两身一首(首为器耳)，首有双角，瞪眼，牛身装饰有云雷纹，前腿弯曲，后腿直立，垂尾。殷周青铜器，饰有牛角的动物较多，以整体牛纹作装饰的少见。两身一首的牛纹更为罕见。

8. 蝉纹

蝉体大多作垂叶形三角状，腹有节状条纹，无足，近似蛹；也有长形的蝉纹，有足。

9. 云雷纹

基本特征是以连续的“回”字形线条所构成。有的作圆形连接构图，单称为“云纹”；有的作方形的连续构图，单称为“雷纹”。

10. 乳钉纹

纹为凸起的乳突，排成单行或四方连续形式。另有一种，乳钉各置于斜方格中，以雷纹作地纹，称为“斜方格乳钉纹”、“乳钉雷纹”。

11. 四瓣花纹

又称“四瓣目纹”。中心为方形的丁，周围组成四个花瓣。一般构成二方连续图案，作边缘装饰。

12. 绳纹

也称“绹纹”。绹就是绞，也就是绞结的绳。由波线交错扭结成绳索状，故名。常见有双重线相扭，有三重、四重线相扭，也有多重线相扭组成的。大多作为边缘装饰。

（三）青铜装饰造型图案分析

青铜纹饰的内容，大体可分为动物、人物和几何形三类，其中以动物纹样应用最多。动物纹样有两类，一类是幻想虚拟的怪兽纹；另一类是自然界的动物。人物纹主要有宴乐、狩猎和战斗纹等。几何形纹主要有云雷纹、瓦纹、线纹、鳞纹、环带和重环纹等等。构成形式有单独、适合和连续等几种式样。

青铜器图案以几何框架为依据作中轴对称，将图案严谨地适合于几何框架之内。以直线为主、弧线为辅的轮廓线，呈现出威严、神秘、庄重的艺术风格，表现出一种整体划一、严肃凌厉的美学风貌，图案略显方正，动物纹饰趋于程式化，曲线表现较少。

画青铜器纹饰，要弄清何种器皿施何种纹样，特别是画有代表性特征的纹饰。除此以外，可利用青铜器纹饰，装饰在一些表现历史文物和文献题材的图案里，装饰在刊头、标题纹图中，可增添朴拙怀古之情。

画青铜器纹饰，可以临摹古人的。在有主纹（饕餮纹、夔纹、凤鸟纹、蟠螭纹等）和地纹（云雷纹、斜角雷纹、乳钉纹、鳞纹、环纹、窃曲纹等）的纹样中，画主纹可用较深墨，画地纹用较浅的墨。主纹要有疏密对比关系，方显生动。地纹的作用是为主纹起衬托作用的，起丰富图案、填充空隙的作用，故画地纹尽量匀齐，不要有明显的疏密现象出现。

画青铜器纹饰，如装饰在青铜器皿以外的地方，可不必追求与原作相同，只要意到即可。某些纹样还可以从美化的角度加以变化、删改或添加，使被装饰器物更臻完美。

1. 饕餮纹

饕餮纹吸取了青铜纹样中局部纹样的造型元素，但色彩已经被加以强化，使图案设计既有青铜的硬朗又不失色彩的明快。

由于不同材料适合表现不同的情调和氛围，因此，多做一些材料上的探索有助于拓宽表现语境，使设计更具表现力、感染力。在设计的时候可以借鉴汉代铜镜的纹样安排，把一些传统纹样中常见的图形抽象化、符号化，使图案更具现代审美特征。

2. 龙纹

龙在古人心目中的形象是多种多样的，因此纹饰也各有不同。但无论是怎样的形态，龙纹在古代时几乎都和帝王的身份挂钩，它是封建时代至高权力的象征，是万兽之首，也是中华民族的图腾。

有关于龙的纹样设计、造型设计等一直以来都备受关注，且作品层出不穷，设计范围和领域也不在少数。譬如，建筑设计、装饰纹样、装饰造型、动画形象等等，都有龙的元素。

我们在设计的时候，可以将青铜纹样的龙形图案原样复刻，简笔的线条虽生硬，但小范围的使用或单独放大填色，会使龙本身更具有萌感；也可以参考明清时期的龙，将细节部分重点突出；或者将其分解，抽象化、符号化，以意代形地表现在设计中。

3. 凤鸟纹

凤鸟是综合了多种动物的形象而创造出来的神鸟，是吉祥、神圣的象征。通常在图案中和龙一起出现，常用来指夫妻感情和睦，或指人才出众。

在设计中，把凤鸟形象大胆地概括夸张，色彩巧妙运用鲜明的对比色，更具现代感；也可以借用汉代铜镜的构图样式，以线描勾勒的形式完成整个图案的设计制作，这样的造型色彩对比纯粹，形式感强；还可尝试具象与抽象造型的结合，传统与现代的结合，能使现代设计语言变得更为丰富，更符合设计实用化的功能需求，作品疏密搭配有序，主题鲜明。

4. 云雷纹

回旋形线条的应用十分常见，或圆或方，以连续性构图为基本设计要求。一般在饰品中较常见，或大多都只起到装饰、点缀的作用。但这并不代表未来的设计中依旧处于这样的地位。我们可以将其从圆形渐变到方形；或者改变线条的粗细，形状的大小，不规则地将其排列，反次为主，用别的纹样进行点缀。

三、壁画图案的创意与造型

（一）壁画造型图案的历史发展

早期的壁画图案被赋予了“成教化，助人伦”（唐・张彦远语）的社会功能。周朝时期将尧、舜之容，桀、纣之像画在墙壁上，而且各有善恶之状，这是文献记载中较早的绘于建筑物壁面上的图画。

到秦代，壁画颜色丰富了起来，有黑、赭、朱红、大红、黄、石青等，以黑色比例最大，赭、黄其次，饱和度很高，用的是钛铁矿、赤铁矿、朱砂等矿物质颜料。图案有人物、车马及植物等，线条流畅而质朴。

壁画在两汉时期被广泛应用，当时的殿堂、衙署、驿站、墓室都有壁画。壁画内容除了有表现死者生前显赫生活的，还有画升天、祭奠的。又有描写日常生活的、历史故事以及神怪形象等。其中，在刻画人物的神态方面尤为突出，且壁画幅面大，气势壮阔。多以墨线勾画，技巧有白描和没骨法。用色有平涂，有浓淡的渲染。

到魏晋时期，佛教绘画蔚然成风。主要是以石窟壁画为主。其中，又以敦煌莫高窟的壁画为最完善，规模最大，艺术水平也最高，以佛菩萨为主，所画本生故事，亦占重要地位。

隋代，佛教复兴，佛寺壁画绘制大量出现。色彩运用不同以往，一种以赭黄色为主调；另一种以深棕色为底，间以青绿；再一种以粉壁（白色）做底，用色清淡，配上墨绿，间以青、绿、朱，色和淡赭。

壁画的发展在唐代达到最高峰。从宫殿到寺庙，甚至墓室，都有作品，而且题材丰富，各体具备。

（二）敦煌造型图案

敦煌图案是敦煌石窟艺术的一个重要组成部分，大都分布在藻井、龛楣、装饰、壁画边饰和地砖等部位，由几何图案、植物图案、动物图案、景物图案和人物图案组成。

敦煌图案的色彩是西域的佛教色彩和中国传统色彩在各个历史时期的结合，由于条件所限，通过合理搭配土红色、曙红、粉绿色、赭石色、钴蓝色、紫色、淡黄色、土黄色、白色及黑色等简单的色相，巧妙地运用面积比的方法，组合出土红色、粉绿色、赭石色、钴蓝色、紫色红、红色、石青色、石绿色等鲜明的色调，色彩对比丰富艳丽，体现了不同时期的风貌，代表着中国传统艺术在色彩方面的成就。

敦煌图案纹样中，动物纹样分为写实类与虚构类两种，写实的如孔雀、骆驼、鱼等；虚构的如龙、凤、神兽（人首鸟身、凤首龙首），树木是作为人物的陪衬而存在的。宝相花是唐代创造的一种独具特色的花卉图案，这种图案以莲花瓣作为基本形，综合群卉之长，形成对称式的盛开的大型花，饱满大方，匀称祥和，体现出唐朝经济发达、社会安定、生活富裕的平安景象。

（三）壁画装饰造型图案分析

1. 色彩方面

敦煌图案中的色彩运用已经涵盖了色彩的面积比、同类色对比调和、邻近色对比调和、补色关系对比调和等色彩理论知识，并巧妙地运用了纯灰对比规律和无彩色的调和作用，可谓非常成熟完美。

2. 构图方面

主要有以下几种构图类型：

独幅构图——多为一砖一画，自身具有独立的意义，同时又是整体内容的一部分。

长卷式构图——多为连续性的内容，通常由数块砖或几个壁面组成一个连续性的画面。

满屏式构图——一般为大场面的构图，在一个壁面或几个连续壁面上填充各种物象。

全景式构图——这种构图的壁画一般出现在具有穹隆顶结构的东汉壁画墓中，主要表现日月天象等。

分层、分栏式构图——一般是将墓室四壁分成若干层或栏，各层描绘不同的内容。

另外，壁画在物象的排列上以传统的散点透视原理为主。

3. 线条方面

线条多用于勾勒、描边，脱离了青铜造型的僵硬感，多弧线形，使画面更显飘逸。不同质感的线条交错使用，使塑造的形象具有真实性和生命力。

（四）壁画装饰造型图案的再设计

壁画在大部分情况下置身于墙面。位于壁画中的各种洞孔、构件和建筑物间的墙形，要突破其限制。要考虑构图整体和局部的协调统一，还要考虑色彩的运用、明亮对比，尤其是透视的手法，一定要恰到好处。这关乎壁画设计的立体性和真实性。

我们在设计过程中，可以将壁画进行拆分使用，比如飞天造型图案、花边线条、神兽形象等，选择性地提取一些有特点的图案造型，或虚拟或写实，或简化或精细，变相地加以改造；也可以借鉴国外的壁画、建筑设计、雕塑造型等，大胆地进行中西结合，予以创新，设计成书籍封面、服装图案、建筑墙面背景等，都是可以的。

四、织绣图案的创意与造型

（一）织绣图案的历史

1. 先秦时期

作为御寒的衣裳，早在黄帝、尧时代就已存在，《易·系辞篇》："黄帝、尧、舜垂衣裳而天下治。"在周之前，古人就将日、月、星辰、山、龙、华虫六种纹样作彩绘，将宗彝、藻、火、粉米、黼、黻绣六种纹样作彩绣，饰于衣裳之上。因此，从周代开始，这十二种纹样，称"十二章纹"，作为皇帝袍服的装饰,一直沿用到了清代。

2. 汉代

汉代的丝织物品种有锦、罗、绫、绮、纱、缴、缟、纨等。纹样有云气纹、鸟兽纹、几何纹、茱萸纹、吉祥文字纹等。吉祥文字纹多在花纹中织出,也有刺绣的。文字内容包括“长乐明光”、“万事如意”、“万年益寿”、“延年益寿大宜子孙”、“登高明望四海”等,也有表现花纹名称或工匠名字的。

3. 唐代

唐代国势兴盛,经济发达,因此,衣着装饰、织绣追求富贵康宁,奢华安乐,所以装饰纹样有昭示威武的兽纹和追求神仙方士神游的骑马、驾鹰、携犬和游猎的神话题材,还有蟠龙、双凤、麒麟、天马、辟邪、孔雀、仙鹤、芝草、联珠、忍冬、香草等追求吉祥寓意为主的题材。其中突出的纹样世称“陵阳公样”,即图案通常是双双对对,左右对称的。唐代装饰的另一个显著纹样是团花,有团龙、团凤、团花枝等,为圆满、和气、团结、祥和之意。盛唐时期,织锦由于发展了纬线提花,锦纹更加丰富。织造方法有本色、妆花和织金三种。纹饰造型进行了大胆的简化、夸张和变形。

4. 两宋时期

两宋织锦纹样,以写生花、八达晕、灯笼锦和球路锦等较具典型性。写生花,也称“散搭花”,宋代称“生色花”,现在称“散花”。八达晕也称“天华锦”,是用规矩的方、圆几何纹和自然形组织起来的一种图案。灯笼锦图案,以灯笼作主题纹饰,悬结谷穗作流苏,隐喻五谷丰登之意。球路锦,以大圆为中心,组成主题图案,四边和四角配有八个小圆,圆圆相套或相连。

5. 元代

元代统治者为了体现身份地位,在织物上大量加金。为此,“织金锦”成了元代的名锦。纹饰有写生狮子、瑞莺、宝相花、团龙、龟背和如意纹等。

6. 明代

明代丝织善于把写生和装饰效果有机地结合起来。内容以花鸟为主，也有人物、山水、器物和天象等。结构方面，有散点朵花、满地花、锦地叠花（即锦上添花）、各种几何组织以及各类缠枝等。其中以写生式散花和各式缠枝花最多。

7. 清代

清代是中国古代丝织工艺中各个品种、各种技术更趋丰富和纯熟的时期。图案的构成形式在明代的基础上，由一种形式演变发展为多种变体形式，如几何纹加花形式中有龟背纹加花、菱形纹加花、连环纹加花、棋格纹加花、波形纹加花、万字纹加花及花瓣纹加花等。

清代的刺绣发展，也十分具有特色。一是地方性绣派兴起，著名的有苏绣、粤绣、蜀绣、湘绣、京绣、鲁绣等；二是晚清吸收外国刺绣长处，甚至融合西洋绘画观，分别产生了“美术绣”和“乱针绣”。

（1）苏绣

苏绣工艺是以绣针引彩线，按事先设计的花纹和色彩，在丝绸、棉布等面料上刺缀运针，通过绣迹构成花样、图案、文字以取得艺术效果。

（2）湘绣

湘绣巧妙地将我国传统的绘画、刺绣、诗词、书法、金石各种艺术融为一体，从而形成了湘绣以中国画为基础，运用七十多种针法和一百多种颜色的绣线，充分发挥针法的表现力，精细入微地刻画物象外形内质的特点。

（3）粤绣

粤绣特色有五：一是用线多样，除丝线、绒线外，也用孔雀毛捻缕作线，或用马尾缠绒作线。二是用色明快，对比强烈，讲求华丽效果。三是多用金线作刺绣花纹的轮廓线。四是装饰花纹繁茂丰满，热闹欢快。常用百鸟朝凤、海产鱼虾、佛手瓜果一类有地方特色的题材。五是绣工多为男工所任。

（4）蜀绣

蜀绣，也称“川绣”，以软缎、彩丝为主要原料，其刺绣技法甚为独特，至少有 100 种精巧的针法绣技，如五彩缤纷的衣锦纹满绣、绣画合一的线条绣、精巧细腻的双面绣和晕针、纱针、点针、复盖针等都是十分独特而精湛的技法。

（二）织绣造型图案分析

中国历代传统装饰上的传统纹样是对各个朝代生活风貌的记录，同时也反映了古人精湛的手工技艺水平和高雅的审美情趣。是华夏艺术文化的重要组成部分。总体归纳中国传统装饰的纹样主要有九大类：龙蟒、凤凰、珍禽、瑞兽、花卉、虫鱼、人物、几何与寓意，并随着朝代的更迭展现出各自时期的特点。

图纹布局特征在图案纹样中，一般是以“数量”的多寡来象征一个人的尊卑贵贱。另一方面，在布局观念上，“数量”也与构图的内涵有着密切的关系。就装饰图案所出现的数量特性归结如下：

（1）单独如数量为一，即单独出现，那一定是整个构图的主题，有着举足轻重的地位。在位置上出现居于中轴之中心处，而成为视觉的焦点、内涵的重心。

（2）图案一般都讲究对称，且“成双成对”，所以在装饰图案中的数量的呈现，也就特别喜欢以对仗的方式出现。而且不仅是数的量化，为求其构图的稳定性，在图案的选择上，也求内容、意义的连贯。

（3）成三、六、九数，代表多的意思，隐喻“兴旺”之意。所以可以看到，出现三或其倍数型的装饰图案时，如“三多”——石榴、桃子和佛手，就代表多子、多福、多寿的意思。

（4）为求构图中意义的完整性，装饰图案会成一定的组合而出现。而成组出现必然有一定特色，就是出现的图案相互间一定有着密不可分的关系。如象征人文思想、表现高度智慧和修养的“四艺”，就是以琴、棋、书、画四物组合而成的，若缺其中一物，在意义上也就无法达成其要义了。

（5）成群——“成组出现”，是装饰图案数量组成中，每一物的属性相同，形成组合。如“博古”，就是将一连串灵芝、犀角、宝剑、万字、宝瓶、莲花等吉祥物，以协调的安排而出现。当然所出现的数量、物件之选择，也随个人的巧思而有所不同。

（三）织绣造型图案的再设计

1. 服装款式的逆向设计

首先确定逆向思维的原型，也就是逆向思维的参照物，以此为标准，来进行否定思维。正与侧、平与斜、断与连、长与短、上与下、松与紧、方与圆，将这些简单的对立因素融到款式设计之中，完全脱离基本规律和形式美规律的束缚去自由想象创作。最后再用这些形式美的规律和经验来检验完成的设计，做一些适当的调整，使设计更加完美起来。

2. 图案的再设计

第一，将传统装饰图案进行加工和提炼，提取其中的一个部分进行艺术的再加工，使纹样形象特征突出，呈现出高度概括且反映物象生理特征的造型。

第二，对所选用的传统装饰图案中能反映对象特征和具有代表性的部分用夸张变形的手法进行二次设计，以形成符合图案装饰特点和大众审美取向的纹样。

第三，将不同纹样形象组合在一起，综合各物象优美的特征并将其架构在一起，从而进一步丰富图案造型语言和艺术想象力。将传统纹样和现代图案相结合，也可在整体上形成视觉的对比。

3. 刺绣再设计

从针法上看，现代艺术刺绣突破了传统刺绣平面运作的局限，刻意追求具有质感的立体绣品，致力于探寻新的针法、制造出不同的层面，强调刺绣的立体效果。从材料上看，现代艺术刺绣充分利用现代新材料、新工艺、新技术的成果，强化并发展刺绣工艺品的视觉效果。不仅如此，现代艺术刺绣主张形象设计和氛围烘托全部由刺绣来完成，尽量少用甚至不用非刺绣饰物。

我们也可以借鉴民族的刺绣构图、技法，以至颜色搭配等方面，创作出各式各样的品类。

五、瓷器图案的创意与造型

（一）瓷器造型纹样历史

1. 先秦时期

中国的瓷器萌芽于商代。它已基本上具备了瓷器的各种条件，但制作原始、粗糙，处于陶器向瓷器的过渡时期。常见的器形有尊、罐、簋、罍、瓮、钵和豆等。有的釉下拍印方格纹、锯齿纹、网纹、云雷纹及弦纹等几何形图案纹饰。

春秋战国时，器形也逐渐增多，除一般的碗、盘、钵、盉等以外，模仿钟、鼎等青铜礼器的造型及纹饰者尤为精致。

2. 汉代

西汉时期，瓷质已达到了现代瓷标准。这一时期还出现了黑釉瓷和白釉瓷器，改变了单一青色的局面。汉初的瓷器造型基本上仿青铜鼎、敦、盘、匜等礼器，尚未形成自身特有的风格。

在装饰上，主要有水波纹、弦纹和贴印铺首等。另外，云气纹和狩猎纹也是装饰的基本纹样。

3. 隋代

隋代白瓷已烧制成功，品种也大为增多。有饮食器类的碗、盘、杯、尊，盛贮器类的壶、罐、盆、盒，生活器类的炉、灯、熏、烛台、唾盂，文具类的砚台、水盂，娱乐器类的拍鼓、棋盘，家具模型有枕、奁、柜、凳、凭几等。

4. 唐代

唐代是陶瓷装饰艺术高度发展时期，水平较高的以青瓷、白瓷为代表。唐代陶瓷按照造型设计、纹样色彩装饰等特点，可以分为青瓷、白瓷、彩色瓷、唐三彩等几大类。

（1）青瓷（越窑）

最著名、最有代表性的当数浙江地区的越窑。越窑青瓷在造型设计上，由于受到外来文化的影响，出现了大量中外结合的瓷器作品，产生了如“凤头壶”“凤头龙柄壶”之类的新作。同时一些瓷器在传统的基础上又有所创新，如壶类，多为短嘴，大耳和大把手，壶体圆润饱满。

在装饰方法和纹饰上，有刻花、划花、印花、堆贴等多种技法。往往用流畅生动的线条描绘出狮子、鸾凤、鹦鹉、鸳鸯、飞雁、龙水、双鱼、牡丹、莲花、卷草以及人物、山水等纹样。取材广泛，多面向自然和现实生活。

（2）白瓷（邢窑）

邢窑瓷釉白而润泽。呈乳白色，瓶多广口、短颈；壶则多为短嘴，外面挂釉不到足，器形光素大方，不施纹饰。造型有碗、盘、盒、壶、罐、钵等。

（3）彩色瓷

唐代的彩色瓷包括了釉下彩、绞釉、绞胎瓷、黑瓷等多种瓷器。所谓彩瓷是一种色釉里混进另一种色釉。唐代的彩瓷有在黑釉上洒蓝白釉，在深褐色釉上洒上灰白釉的。在烧制过程中，色釉互相融合、渗透，形成各种不同的肌理、斑纹，具有豪放明快的装饰效果。

唐三彩就是彩色瓷的典型代表，因多使用黄、绿、褐等色釉在器皿上形成各种花朵、几何纹或斑点色釉装饰，故称三彩。虽然称之为三彩，实际上并不仅限于三种色釉。

唐三彩在造型设计上，大致可以分为三大类：器皿、人物、动物。器皿有水器、酒器、饮食器、文具、家具、建筑模型，以及各种壶、杯、盒、盘、罐、炉、奁、钵、碗、柜、枕、烛台等。

唐三彩的明器以人物俑和动物俑的塑造最为精彩。人物丰腴，神态悠然，雍容华贵。动物俑的马和骆驼的塑造尤为出色。常见的唐三彩马，形象逼真，头小颈长，膘肥体壮，比例适度，神采奕奕，劲健有力，充满了强烈的生命感和力量感。

5. 宋代

宋代瓷器多造型古雅、色彩纯净、风格内敛，不事雕琢，以质朴取胜。讲究线形与比例的素器，多以生活器皿为主。举世闻名的五大名窑（定、汝、官、哥、钧）产生于这一时期，产品各具特色。宋瓷尽管品种繁多，但从釉色上来区分仍可概括为青瓷、白瓷、黑瓷、色彩瓷四大类。

（1）定窑

定窑以盛产白瓷著称，还兼烧黑釉、酱釉、绿釉等品种。白瓷的特点是洁白细腻，釉色白中泛黄，呈现象牙白的质感。产品有碗、盘、碟、盆、瓶、罐、枕、玩具等。装饰技法有刻花、划花和印花三种。装饰花纹有莲花、缠枝牡丹、萱草、游鱼、鸳鸯、龙、凤、水波、塘荷等，构图严谨，主次分明，工艺精细。

（2）汝窑

汝窑是宋代北方第一个著名的青瓷窑，除青瓷外，兼烧黑瓷、酱色釉瓷和钧釉瓷等。其青瓷特点是胎土细腻，体有厚薄，以淡青为主，也有豆青、虾青、天青和茶叶末等色。在装饰技法上一般以釉下印花为多，刻花较少。图案内容以花鸟、缠枝花为主，构图完美，布局严谨。

（3）官窑

北宋官窑是在汝窑影响下产生的另一青瓷窑，专烧宫廷用瓷，器物有碗、瓶、洗等，青釉釉色较淡，以粉青为上，紫口铁足。器身开纵横交错的大块纹片，有蟹爪纹等开片，片纹呈玻璃状的透明白色，釉胎匀薄，温润犹如古玉。器形以洗、碗为多见，也有直径一尺余的较大型产品。

（4）哥窑

哥窑的特征是黑胎厚釉，紫口铁足，釉面开大小纹片，且开片是制瓷工匠有意识地制作的。器形有炉、瓶、碗、洗等，以贯耳、弦纹等装饰器物，造型古朴，制作精巧。哥窑的釉色有粉青和米色等种。在釉中出现大小气泡的称为“聚球攒珠”，出现葡萄状锈斑的称为“葡萄斑”。

（5）钧窑

钧窑主要产品是铜红釉瓷器，釉呈乳浊状，主要品种有天青、月白、海棠红和玫瑰紫四种。有绿中微显蓝色光泽的，也有显紫红色彩的，有的斑斑点点，青蓝与紫红相间，非常艳丽。器形有洗、碗、盘、瓶、尊、炉、花盆等。尤以花盆最为出色，样式设计也最多，有圆形、海棠形多种。

6. 元代

元代创造出了以前从未出现过的釉下青花瓷、釉里红及玻璃器。

青花瓷器的造型风格是胎厚、体重、形大，器物主要有罐、梅瓶、执壶、高足杯、四系小口扁壶、盘、碗、匝等。装饰特点是画面满，层次多，繁而不乱。纹饰图案有龙凤、人物、花鸟、瓜果、游鱼、异兽、松竹梅、云肩、变形莲瓣以及杂宝等。

釉里红是以铜的氧化物为着色剂，在瓷胎上绘制纹饰后，施以透明釉，然后在高温还原气氛中一次烧成，使釉下呈现红彩。其装饰题材比青花少，纹饰也比较简单。另外，元代出现多种颜色釉，如红釉、蓝釉等。

7. 明代

明代瓷器的造型设计多为传统样式，大都简约，风格淳厚、朴实，更加注重实用的效能，其线形优美，体态规整端庄。造型尺寸大多比例适中，但也有一些“极端”的发展：一极是超小超薄的小型器皿；另一极是超大超高的大型器皿。

釉上彩是明代瓷器一项创新，它是在烧成的瓷器釉面上用彩料描绘纹饰，再入窑低温烘烧而成。明代釉上彩绘的品种主要有斗彩和五彩。斗彩也称“逗彩”，它是釉下青花和釉上彩相结合的彩瓷工艺。其特点是色彩协调融合，争奇斗艳，极为雅丽。

五彩是在斗彩基础上创造出来的釉上彩绘技法，是一种比较纯粹的釉上彩瓷。它是在烧成的白瓷釉面上，用多种彩料描绘图案纹样，然后再入窑低温烘烧而成。

明代青花瓷器的纹样设计，既继承了我国唐宋传统的平面装饰手法，又融合了中国宋元绘画的写实作风。

8. 清代

清代的陶瓷器，仍以青花瓷器为主流，其他品种也有很大的发展。釉色在明代的基础上有所增多，更为丰富多彩。清代创烧成功的各种单色釉如天蓝、粉青、窑变、霁蓝、霁红、郎窑红、豇豆红、胭脂红、乌金釉、鳝鱼黄、蟹甲青、茄皮紫和茶叶末等，可谓五光十色、变化万千。

清代陶瓷在整体设计上不重实用，脱离生活。在器形设计上，缺乏创造性，一味追求仿古、复古和在技巧上下功夫，没有开辟出设计的新领域。在装饰设计上烦琐堆砌，浮艳平庸，审美格调不高。

珐琅彩瓷是清初康熙时期新创的一种釉上彩绘技法，最早是用进口原料制作，又称为“洋瓷”。珐琅彩所用的彩料，色泽莹润，质地凝重，作为装饰，花纹有微凸效果。

纵观清代康熙、雍正、乾隆三个历史时期，其瓷器的特点分别是康熙刚健，雍正雅致，乾隆华缛。康熙装饰多用人物，雍正流行花鸟，乾隆早期尚奇巧，晚期重模仿。康熙的五彩、雍正的粉彩、乾隆的珐琅彩，其制作工艺都达到了很高的水平。

（二）瓷器造型纹样分析

从造型看：传统陶瓷造型讲究规整、平衡、对称，以实用的瓶、罐、碗、盘为主。

从表现手法看：釉面光洁细润，不能出现变形、斑点等瑕疵。

从图案组织上看：传统瓷器通过疏密关系形成深浅层次对比，细节有变化；根据图案的对比需求分不同深浅层次，体现出大块面的深浅对比效果。

从纹样装饰上看：大体包括人物纹、动物纹、植物纹、几何形纹、山水纹、吉祥寓意纹、诗句文字纹及釉彩自然纹等。传统瓷器注重吉祥的寓意，以此为题材的动物纹样居多，如，鸳鸯、龙、凤、麒麟、蝙蝠、蝴蝶、白鹤、喜鹊等。植物类装饰图案也是形成了特定的艺术风格，主要内容有莲花纹、忍冬纹、莲瓣纹、葵瓣纹、团花纹、宝相花纹、梅花纹、牡丹纹、海棠纹、萱草纹、竹纹、松树纹、缠枝纹、树石纹及草叶纹等。

（三）瓷器造型纹样的再设计

现代陶瓷设计目前分为两种风格，一种注重自然情感的表达，崇尚返璞归真的自然设计；另一种则具有反传统、反技术的叛逆精神，更强调陶瓷本体材质语言在新工艺、新技术下的运用。

从造型看：现代陶瓷出现了很多传统中不太可能出现的几何造型。如：球形、三角形或多种几何体组合，或者树叶、花瓣、果实等植物的原型或变形。更多的是人为艺术造型。

从表现手法看：现代陶瓷设计注重从变形、卷曲、开裂的问题中发现自然美，寻找作品的独特视觉效果。创作者有意识地将坯体卷曲、挤压、切割、挖残成随意的形状，并施以多种釉料。

在装饰设计上，以粗糙的涩底与光洁的釉面对比，以简朴的陶土与细腻的瓷土结合，完整画面与残缺相呼应，现代与古典相映衬，不规则与精细相融合，产生强烈视觉对比效果。

第三章　文化创意与文化创意产业

文化产业的渊源可以追溯到法兰克福学派的阿多诺(Theodor Adorno)和霍克海默(Max Horkheimer)在1947年出版的《启蒙的辩证法》中建构的“文化工业”(cultural industry)这一概念,其激烈批判了工业化的文化产品生产模式破坏了文化的“个性的、一次性的、独一无二的存在”的本质。随着社会经济的发展和历史语境的变化以及认识程度的加深,文化产业(cultural industries)这一概念慢慢变为中性,在世界范围内被称为“大众文化”“通俗文化”“媒体文化”“内容产业”“版权产业”“娱乐文化业”“创意产业”等。其中,联合国教科文组织把文化产业定义为:按照工业标准生产、再生产、储存及分配文化产品和服务的一系列活动。

第一节　文化创意理论分析

一、文化创意产业的经济学理论基础

(一)资源配置理论

西方经济学分为微观经济学和宏观经济学。微观经济学是研究家庭、厂商和市场合理配置经济资源的科学,它以单个经济单位的经济行为为对象,以完全竞争市场、完全理性及信息对称作为基本假设,以价格理论为中心理论,用个量分析的方法解决资源的配置问题,以实现个体效益的最大化;宏观经济学是研究国民经济的整体运行中充分利用经济资源的科学,它以国民经济整体的运作为对象,以市场失灵、政府有效作为基本假定,以收入理论为中心理论,用总量分析的方法解决资

源的利用问题，以实现社会福利的最大化。

在文化创意产业领域中，同样面临如何充分利用有限的人力资源、历史文化资源、技术资源、市场资源等问题。资源的配置要以市场为导向，选择协调的比例，遵循均衡化原则，如此才能生产出更多、更好的文化产品，丰富人们的精神生活，为社会创造更大的财富。

（二）公共物品与政府作用

丹尼尔·贝尔在《后工业社会的来临》一文中，从正面肯定的角度提出“文化产业”概念，并预言未来经济将是文化产业的天下。他指出“后工业社会”是文化产业的现实背景，为文化产业的形成提供了必要性和可能性。随着人们闲暇时间的增多，对于消费性、娱乐性、审美性的文化产品的需求越来越大，促使社会生产发生转向，由产品生产经济转向消费、闲暇和服务性经济，催生出以工业生产方式制造文化产品的行业——文化产业。同时，科技的日益进步为满足日益增长的文化需求提供了技术保障。“文化产业”理论综合阐述了“文化”成为“产业”的可能空间和发展特点。

二、文化产业集群理论

1990年，迈克尔·波特在《国家竞争优势》一书中首先提出用产业集群（industrial cluster）一词对集群现象进行分析。产业集群是指在特定区域中，具有竞争与合作关系，且在地理上集中，有交互关联性的企业、专业化供应商、服务供应商、金融机构、相关产业的厂商及其他相关机构等组成的群体。产业集群的核心是在一定空间范围内产业的高集中度，这有利于降低成本（包括生产成本、交换成本），提高规模经济效益和范围经济效益，提高产业的市场竞争力。

三、文化创意产业竞争优势理论

（一）传统竞争优势理论

竞争力理论渊源可以追溯到古典经济学派的经济理论。在以物质生产为主的经济发展阶段，以农业经济和工业经济为代表，市场中的主要竞争是产品竞争。因此，早期的竞争力分析的焦点集中在这一方面，其代表人物是亚当·斯密基于资源优势建立起来的绝对成本优势与李嘉图的相对成本优势以及马歇尔的集聚优势理论。他们认为，产品竞争力的强弱取决于因为资源条件或者企业和生产要素集聚而形成的成本优势。谁拥有更多的资源，如大规模的生产设备和组织形式，谁提供了更优质和更便宜的产品，谁就将在市场上获得决定性的胜利。

（二）制度创新竞争优势理论

制度创新理论的提出者是美国经济学家道格拉斯·诺斯（D.North）、兰斯·戴维斯（Lance E.Davis）、罗伯特·汤玛斯（Robert P.Thomus）。1971 年，诺斯和戴维斯合著并由剑桥大学出版社出版的《制度变革与美国经济增长》一书被认为是制度创新理论的重要代表作，也是西方经济学界第一部比较系统地阐述制度创新的著作。诺斯认为，科学技术的进步对经济的发展虽然起到重要作用，但真正起关键作用的是制度，包括所有制、分配、机构、管理、法律政策等。

诺斯的许多著述都在寻求解释为什么有些国家穷、有些国家富？为什么一些经济是强盛的，而另一些经济则失败了？诺斯认为，制度竞争力优势在于通过制度创新，营造促进技术进步和经济潜能发挥的环境。从制度变迁的主体和诱因来看，制度创新方式分为强制性制度变迁和需求诱导性制度变迁。

（三）波特的竞争优势理论

对企业竞争优势做出最为系统研究的是美国哈佛经济学院教授迈克尔·波特（Michael E.Porter），他的经典之作是《竞争战略》《竞争优势》和《国家竞争优势》三部曲。波特发现，任何产业中的企业都受到 5 种竞争的作用力：来自潜在新竞争对手的威胁，来自其他产品创新的本企业产品被替代的威胁，来自供应商的议价能力，来自消费者的议价能力，来自产业内部的现有企业之间的竞争。

企业的竞争优势和竞争目标相结合，便产生了三种基本战略：成本领先战略、标奇立异战略和集聚战略。成本领先战略是指企业成为产业中的低成本生产厂商，以低成本为优势；标奇立异战略是企业在某些产品、服务上保持与其他企业鲜明差别的竞争战略；集聚战略是在市场内部的特定狭小空间做出的战略选择，具有细分目标市场的针对性。

第二节 文化创意的人才培养

一、文创产业中的教育与技术

设计团队将文创教育与文创产业形象地比作毛与皮的关系，“皮之不存，毛将焉附”。所以，文创教育必须自觉地将自己的工作目标纳入到文创产业体系中，只有切实做到为产业培养人才，才能够在促进产业发达的前提下实现自身的生存和发展。

（一）文创产业中的教育

1. 具有较高文化修养的创作人才

文创产业中所需要的具有较高文化修养的创作人才包括三类：剧本写作的文学型人才，形象、背景设计的美术型人才，精通视听语言的导演型人才。实际上这三种人才都是很难由四年的本科教育中直接培养出来的，尤其是剧本写作的文学型人才。因为这三种人才都不是一般的知识型人才，他们必须兼具艺术悟性、文化修养和丰富的实践经验和社会阅历。一般说来，修养可以通过勤奋得来；悟性除了部分天分之外，更重要的是来自实践，而经验和阅历则唯有来自大量的实际操作。作为文化商品的文创片，除了高超的艺术创作，更大程度上所仰赖的是一系列周密的操作性极强的具体策划和运作。

可以说，艺术家的创作，实际上是在产业化操作的基础上完成的，或者说，创作本身就是操作的一部分，而成功操作一个很重要的因素，则是娴熟的技巧与成熟的经验。

深入考察我国现行的教学体制，设计团队会发现其中一个很大的弊病就是高中以前所有的教学都是“应试型”的，这种强制性极强的应试教育严重地束缚甚至是扼杀了学生的创造力。因此，通过四年的本科教育，想要将一个由应试教育培养出来的、满脑子模式化基础知识的高中生培养成为有创造力、适应产业化运作的文创策划人才，其成功的概率是微乎其微。

鉴于以上这些原因，特建议，今后应主要通过研究生教育来完成文创创作与产业人才的培养任务。研究生的招收对象主要应是那些具有一定生活阅历和文学创作、美术设计与电影艺术等相关工作经验的人，通过文创本体和文创产业运作原理课程的学习，使他们本身的专业和经验优势与文创结合，进而提升其专业水平、素质与能力。另外，在对高层次文创人才的培养中，还应该将课程设置的重点放在参与文创公司实际项目策划的实践课程上。目的是通过参与策划的全过程进一步强化和提高学生的实战能力。或许经过以上过程的学习，能够培养出经过短期产业锻炼就可以胜任工作的高级文创创作人才来。

2. 责任心强、上手快的中期制作人才

我国现行文创教育存在两个误区。一个是上文已经谈到的，许多院校至今还在采用与现代文创产业不配套的传统的文创教学体系；另一个是认为本科教育的效能就是培养高端人才。如将两个误区合并为一个，那就是目前大部分文创专业都在使用传统的教学方法培养“高不成，低不就”的编导人才。其所形成的后果必然是一种二律背反的恶性循环，即一面文创产业严重缺员，一面文创专业培养的学生找不到合适的工作。如果现有的众多文创专业不能认清我国文创产业的客观情况，及时调整教学思路和教学方法，那么毕业生的出路问题就将会越来越严重。

文创教育的大规模开展，实际就是这个趋势的产物。文创教育者应该清醒地认识到，目前文创教育的目的不是为小规模的文创事业培养高级编导人才，而是为庞大的文创产业培养动手能力强的实用型人才。也就是说，文创产业需要文创教育培养大量的中期制作人员。这个现实可能会让一些高校文创教育者难以接受，但同时又不得不接受。这就要求其必须尽快转变观念，调整方案，提高认识，力争捷足先登地站在教学改革的前沿，做时代的先驱者和弄潮儿。否则，如还执迷不悟，仍然给每一个进入文创专业的学生以虚无缥缈的幻想，他们的未来就很难说是光明的。

为此特建议：在学生入学后首先要进行文创产业教育，聘请业内各个环节有经验的人士给学生讲座，与学生交流，带领学生参观文创公司和衍生品市场，浏览文创制作的流程和了解文创市场的情况，让学生对什么是文创产业以及自己未来能够做什么都能有个明确的认识。在教学中，除文创概论、原理课程外，一定要加大描线、加文创这样基础性和技术性环节的练习。另外，积极寻找与文创公司的合作机会，从文创公司引入正在制作的文创片的中期加工部分，让学生实践，以使学生在校期间就尽可能多地参与实际工作，为毕业后能够很快成为合格员工打下坚实的基础。

3. 培养文创产业经营人才

文创营销是文创产业中一个非常重要的环节，我国文创产业之所以链条难建、发展缓慢，与缺少一支懂文创、懂营销的经营队伍是有很大关系的。目前，常见的是某导演利用在文创界的关系拉起一个公司，从节目策划、制作到推销一肩挑。这仍然是私家作坊式的小规模经营，与产业化、链条式的大规模生产和市场运作差距甚远。所以，依靠文创教育尽快培养文创营销人才，实现产业内部的科学分工与有效合作，是搭建我国文创产业宏图的一个重要环节。

第一，在本科课程中加入文创制片、市场营销课程。本科学生在学习了文创概论、文创原理等课程，并参加了文创短片的全程制作后，应该在教学中为他们增加文创制片、市场营销等课程，目的是使学生们了解文创片成本预算、资金在制作流程中的分配和管理、版权分割与融集资金以及文创片的海内外销售、形象授权与衍生产品开发等文创产业的金融和市场知识。通过对这些内容的学习，起码可以让学生树立文创产业的经营理念与市场意识，为他们进入文创产业后尽快适应工作打下良好基础；自觉运用所学知识进入文创制片和市场营销领域，其中的佼佼者，很有希望成为联系文创产业各个环节的枢纽人才。

第二，通过研究生课程，可望从学习制片和市场营销的学生以及参加过文创制作的人中，培养高层次的制片和营销人才。文创片的制片和营销虽然具有自己的特性，但基本符合一般电影、电视剧制片和一般商品市场营销的规律，所以，高级文创制片和营销人才完全可以通过研究生教育来培养，尤其是生源中那些已经在本科阶段专业学习了制片和市场营销的学生，以及那些在影视制作业或者文化商品经营方面已有一定工作经验的人，就更具成才基础和发展潜力了。他们入学后，经过对文创本体、文创制作流程等专业知识的学习和对国内外市场情况的了解与熟悉后，完全可以结合每个人的具体情况设立不同的课题进行针对性的研究。而这种研究最好是结合实践，让学生通过参与某个具体的制片或营销案例，将自己原有的专业优势与文创业相结合，以便从中探索出适合我国文创产业现状的制片与营销的路子。完全可以预期，这样一批高水平的文创营销人才一旦走向市场，就将会成为连接我国目前缺环断链的文创产业的有生力量。

（二）文创产业中的技术

自20世纪90年代中期以来，国外许多文创产品进入我国，以及电脑文创、三维技术的广泛应用，不仅使旧的文创观念显得越来越不适应时代的需求，而且与此同时也促使了新一代文创从业者的产生。

1. 文创技术在影视广告片中的应用

事实上，从历史的角度来看，我国文创从产生时就与广告有着极大的关联。我国文创艺术的鼻祖万氏兄弟正规拍摄的、正式宣告我国文创诞生的第一部文创作品，恰恰就是一部文创广告片——片长仅为1分钟的《舒振东华文打字机》。这部文创广告片拍摄成功，从而宣告了我国文创的诞生。

随着人类媒体信息方式的改变，文创的社会身份也在不断地发生转变，文创的特点在广告之中得到普遍的利用，才使影视广告随之发生了翻天覆地的转变。在现代社会中，随着工作效率的提高和生活节奏的加快，人们是很难有时间静下心来，研读一些与自身没有直接关系的剩余信息的。同时，由于现代社会是商业竞争异常激烈的社会，各种不同的商品信息大量流布，充斥其间，这种情况必然要给单位时间内广告传递信息的多少以及信息表达的清晰程度提出严峻的考验。正是因为文创有对抽象信息实现具象化解读的作用，所以现代影视广告中才会大量运用文创技术手段增强表现力，使观众在欣赏作品的同时也能感受到文创那非凡的艺术触角与广阔的美学空间。随着文创技术的不断创新，它们的结合也必然会更加多姿多彩。与此同时，文创自身也在伴随广告的发展中，不断获得技术上的进步和提高。

文创广告一般有这样几种表述方式：（1）实拍＋文创特技，比如浙江大红鹰集团的鹰与飞机的形象广告片；（2）全部使用文创制作，如光明乳业的《光明奶牛》、伊利集团的《鲜果奇缘》等等。

2. 文创在电视栏目中的应用

2004年来，中央电视台通过对《快乐驿站》和《轻松十分》两个新栏目的推出，成功地用文创形式把深受观众欢迎的传统相声和小品重新进行了演绎。这样的节目，不仅可以使观众耳目一新，而且同时也可以为我国已成定势的电视节目提供一个新的展示平台，这无疑是一个值得弘扬和借鉴的创新思路。这些新生的使用文创技术的电视栏目大多都得到了观众的欢迎和认可。

究其原因唯在于这些应用文创技术的电视栏目有一个共同的特点，即：它们都是利用文创这一特殊的表现形式巧妙地展示了原本为观众所熟悉的内容或人物。以《快乐驿站》为例，对广大的电视观众而言，这个栏目所表现的内容即为大众所熟悉的经典小品和相声等，其本身所具备的吸引力虽然不能说已经消失，但作为组成作品欣赏快感的主要成分之一的新鲜感已经没有了。它的现存魅力，主要在于能够唤起观众埋藏在心底的怀旧情结。更何况其中一些作品中有的段子早已经是大家耳熟能详的了。重复的播放，从传播学的角度而言，是一种低效率的传播方式。就受众而言，这样的传播显然缺少吸引他们注意力的新的信息刺激点，应该不会有很高的收视率。但是，用文创形象和文创所独有的不受时空限制的表现方式来对这些作品进行重新演绎，就能以附加的形式使旧的信息内容产生新的刺激点。所以，这些看似表现大众都已熟悉的旧作的文创版小品，其实在传播学的意义上对于设计团队来说，不仅仅是一个新的作品。其实模仿本身就是一种具有快感和可观赏性的行为。

3. 文创在新兴媒体的应用

本文中所指的新兴媒体，主要指网络和手机这样两种媒体类型。

数字技术是完全架构在严谨的数学体系之上的一门科学。由电脑产生的图像，每一个点都须有精确的数值来描述。而艺术创作则是基于非理性思维的产物，它需要严密的逻辑性和标准的量化尺度。

电脑技术的完善和运算速度的提高，给精确的模拟现实提供了技术上的保证。艺术家可以借助电脑较轻松地完成和达到非常逼真的视觉效果。这样一来，创作的重心就会从对客观的模拟转移到对客观的再创造上来。电脑不仅能够制作出足以令人信服的影像，而且能使人们在观影的时候不致产生心理上的离间感。在这种情况下，对某些事物的属性加以移植、偷换或放大,就会形成一种视觉幻象,感受一种新奇的视觉体验。由此不难看出,文创在新兴媒体的视频制作和对创意空间的拓展上,都具有重要的价值和意义。

二、文化创意能力的教育

文化创意学要讲案例,讲创意方向,但核心是培养人的创意能力。文化创意能力靠自修,也靠教育。教育是能力成长的外因,外因只有通过内因(自修)才能起作用。因之,教育要坚持启发性原则和因材施教的原则,教育的方法不能想当然,而应该依据优秀文化创意人才成长的"野生"条件来确定。将一定量的优秀文化创意人才成长的"野生"条件统计起来,找出共性,舍弃偶然性和先天条件及内修因素,便是文化创意能力的教育方法。

基本的学制教育是文化创意能力的培养基础。一般地说,学习文化创意应具备高中以上学历。这一阶段的学习内容,就是学制教育的内容,靠这一基础教育启发心智,为将来学习文化创意打下基础。很显然,这一设计是不支持偏科教育的。

与其他专业的教育一样,文化创意能力的培养也要从青少年抓起。当然,在这一原则之下,任何年龄段的人学习文化创意都应该欢迎,因为即便错过了最佳年龄段,学习也会有效果的,有成就的文化创意家不乏"半路出家"者。

(一)向善教育

向善教育是越出学校教育的一项极端重要的教育内容。

向善教育的重要意义在于:

(1)如黑格尔所认为,恶常常是推动社会前进的力量。历史是在历史主义与伦理主义二律背反中悲剧性地行进的,在道德上被视为恶的贪婪、自私、欲望等等,却又是生产力发展所难以避免的,这也是向善教育显得苍白无效的原因。但向善教育的目标不应定在"善人"的层出不穷之上,而应定在人的行为不触犯法纪的底线之上,定在培植人的善的情怀之上。

(2)与以上相联系,善的情怀是文化建设所需要的。正因为社会中有恶行存在,在意识形态领域,必须展开对恶行的批判。文化创意是文化建设的前期工作，没有向善的文化创意，就没有向善的文化产品。文化创意者只有具备善的情怀，向善的文化创意才能够做出来。

（二）情感教育

情商的高低与文化创意能力的高低成正比，前者是后者的心理活动的发动机。人的情商主要来源于刻骨铭心的体验。群体经验表明，只有备尝生活中的苦辣酸甜才能铸成爱恨情仇，只有真实的人生才是情感教育的最好方式。但是，文化创意需要向善的健康的情感，这样的情感需要他助、引导和教育。在情感教育的方式上，家庭和社会都存在一些误区。在家庭教育上，不少人热衷于对后代爱的“填鸭式”教育，希望通过对子女无限度地施爱，激发他们对长辈的爱，这样的方式被经验证明是不妥的。这是因为，首先，善良的情感不只体现为对家庭成员的爱，还体现为友爱、情爱等等，上对下的施爱方式所追求的目标太狭隘了。其次，单向的爱的给予并不能培植善良的情感，这是被无数事实所证明了的。在社会教育上，存在着将情感教育“功课化”“学科化”的错误倾向，例如，像布置作业一样安排某些项目，办“训练营”之类。既然情感教育是家庭和社会所必欲为之的文化现象，向善的健康的情感又的确需要他助、引导和教育，那么，需要对情感教育的方式进行矫正。第一，取消所有“模式化”、文艺节目式的“情感体验”，这种方式不但无益，而且有使受教育者淡化情感的副作用。第二，实行垂范式教育。“有样学样”是向善教育、情感教育中的普遍规律。家长和社会教育者要注重以率先垂范的方式，为受教育者做出榜样，以“身教”带“言教”。央视多次播放的“为长辈洗脚”“让路”等公益广告，就体现了这种方法。第三，要高度重视文艺作品的感化作用。如果说，“模式化”、文艺节目式的“情感体验”貌似真实而给予人的心理以虚假的效应，那么，欣赏文艺作品貌似虚假却给予人的心理以真实的效应。古语所说“文以载道”“兴于诗，立于礼，成于乐”“读三国掉泪，替古人担忧”，描述的就是文艺（原意比文艺更宽）对人的教化作用。教人欣赏文艺作品，不宜将文本分解为理性的“中心思想”“时代背景”“段落大意”等几大块，而应循循善诱，让受教育者对文本总体感受。欣赏文艺作品的教育要注意分年龄段进行施教，在受教育者成年之前完成。

（三）美感教育

美感教育与向善教育、情感教育有关。美感教育的最高目的，是使受教育者铸成审美的人生态度、完善的人格和文质彬彬的气质。现行美感教育的方法，重技与艺的养成轻综合感受的训练，重创作轻欣赏特别是轻视由欣赏直通情感的训练，这是应该纠正的。

（四）“带着问题学”

带着问题学是培养文化创意能力的较好方式。带着问题学有如下含义：第一，急用先学。带着问题学的方法是以一定的知识积累和能力积累为基础的，脑子空空去解决问题是不行的，“临时抱佛脚”的学习方式不是带着问题学的含义。前文已述，一定的学制教育是文化创意能力的培养所必需的。学制教育以学为主，以解决问题为辅，因为这一阶段的主要任务是积累知识。第二，学以致用。不能机械地把学制教育与带着问题学切割开来，许多人在中学和大学阶段就搞出了很了不起的发明。也就是说，在任何时候，承继知识都要保留怀疑意识、创造意识和修正意识。另外，在知识爆炸的现代社会里，要善于沿着主攻方向配置学科，将所学对象分开轻重缓急，分步实施。第三，没有问题要设置问题。这一点前文已述，单列在此，强调的是在以承继知识为主要倾向的学习中要善于模拟解决问题。第四，在解决问题的实践中加强学习。任何一个实际问题的解决，都必须重新学习，补充知识。从逻辑上说，这似乎不是“带着问题学”，而是“由问题带着学”，实际上，在解决问题的压力下，心理兴奋点更为集中，兴奋度更强，学到的知识更巩固。因此，从学习的角度看，这是一种好方式。

（五）以优秀文化创意家成功的“野生条件”培养文化创意人才

清人龚自珍诗云：“九州生气恃风雷，万马齐喑究可哀。我劝天公重抖擞，不拘一格降人才。”无论是什么样的人才，其成长道路都是千差万别的。群体经验告诉我们，越是越出必然的偶然，越值得研究，“奇才”“怪才”的能量大于一般人才。因之，在复制经验的同时，要像伊壁鸠鲁重视偏离轨道的原子那样，注重偶然性，注重“奇才”“怪才”的发现及其成长条件的总结复制。所谓“野生条件”，就是自然成长的条件、未经刻意设计的条件。将一定数量优秀文化创意家成功的“野生条件”

归纳起来，找出它们的共性，加以系统化，就可以作为培养文化创意人才的方法。以这种“野生条件”为培养方法，避免了靠“想当然”制定训练方法的弊端，保证了培养的质量和有效性。优秀文化创意人才成长的“野生条件”有的可以复制，有的难以复制，且不可到处照搬，应灵活运用，“一切以时间、地点和条件为转移”。

（六）用“解剖麻雀”的办法研究优秀文化项目的创意机理

优秀文化项目特别是优秀文化产业项目的成功有许多因素，其中必定有文化创意的因素。用“解剖麻雀”的办法即个案分析的办法找出它的创意机理，是十分有效的文化创意人才的培训办法。这种办法的实施要点有两个：一是要研究创意人是如何做出这个项目的创意方案的；二是要研究各环节的逻辑关系，特别是要研究从顶层设计到路线图的逻辑关系。研究人才成长的“野生条件”着眼于人，着眼于个性化的人，研究文化项目的个案成功的原因则着眼于事，着眼于个性化的事。这个方法甚至可以用在对社会领域任何理论形态产生机理的研究上。学界对理论形态的研究，往往只重文本的研究，这是造成复制失败也就是犯教条主义错误的主要原因。任何有价值的即在实践中获得成功的理论，必定有思想承继的因素和生活赐予的因素，找出这两种因素对于真正弄通这一理论具有重要意义。任何人类经验（理论形态、文化创意成果）的复制都是一种必然的文化现象，如果科学的复制方法不去占领阵地，非科学乃至伪科学的复制方法就会占领阵地。强调用“解剖麻雀”这一研究动物生理机制的办法研究文化创意的个案，就是要倡导这种科学的培养人才的方法。

三、教育业的文化创意的着力点

第一，文科考试必须改革，其核心是必须强化考题中“论”的成分。现行考卷中不少填空题和选择题简直是儿戏，能够发挥考生创造力的“论”的成分很小。这样改势必加重评卷的难度，但这不能成为不改的理由，而只能通过改革评卷方式来解决。

第二，作为文化创意的文科大学教育的“中断”。钱学森生前的最后岁月说：“中国至今没有一所能够培养创新型人才的大学。”钱学森是科学家，他的论断应该说主要是基于对理工科的大学教育的考察而得出的,他所指弊端于文科尤甚。文科大学教育不成功的原因当然很多,大学学生参加社会实践少,读死书是原因之一。应当指出,社会是文科的工厂和实验室,受教育者即试验者最好同时是受试者,格言“读万卷书,行万里路”就是这个道理。学制越长(如硕士研究生和博士研究生),学生与社会隔绝得越久,受教育者的创造性思维就越难以造就,因为任何创造性成果都需要感性的刺激和启发。试想一个人由进幼儿园到取得博士学位,二十多年的时间里脱离社会,怎么可能有文化方面的创新能力呢?针对这些情况,不少大学采取了一些措施,学生在校期间打工生活也对此稍有弥补,但效果仍不理想。

这是因为,第一,人对社会事物的体验是分年龄段的,即某一年龄段对应复杂社会中的某类事物。第二,人对社会的体验也就是人生经历,它必须是充当社会的一个角色才更加有效。目前大学文科教育中“军训”“社会调查”“实习”之类社会实践活动,解决不了根本问题。毛泽东曾提倡学生“学工学农学军”,这其实也还不够,应该将“学”改为真正的“干”,教育业的文化创意不是教改本身,二者的区别在于前者是提给受教育者的,不带强制性。解决文科大学教育培养不出创新人才这一根本问题,需要缩短学制,特别是必须缩短研究生的学制。这是教改的问题,本书不再赘述。受教育者自身可根据现行制度的允许主动“中断”学历,如本科毕业进入社会两三年后再读研。这种“中断”的目的,是通过亲力亲为的“体验”,以使自己“知情意”三个心理要素都得到全方位的提升。只有这种“血水里泡三次,碱水里洗三次,盐水里浸三次”的亲力亲为,才能锻造出文科的创新型人才。

第三,大师效应。“大学者,非大楼也,乃大师也”,此言如今已成名言,说明鲜有反对者。但什么样的人才能成为大师,大师的效应是什么,还是应该从文化创意学的角度分析一番。以文科为例,大师应该是在某个专业或多个专业上有创造性的成果且得到业内公认的人物;大师应该是践行社会主义核心价值观的楷模,“大节不亏”,有人格魅力;大师应该是对社会有影响力的人物。

第三节　各国文化创意产业研究

一、我国文化创意产业的发展现状

（一）我国文化产业的兴起

文化产业的概念正式出现于1992年，在中国国内掀起了对于文化产业的大讨论。1992年，国务院办公厅发布《重大战略决策——加快发展第三产业》一书，其中明确提到“文化产业”一词。此后，中国文化产业的格局发生了根本性的变化。一份来自1999年5月北京市统计局的数据显示，当年文化行业与旅游行业所创造的增加值约为281.2亿元，占全市GDP的14%。1996年，分布于中国各大中城市的报纸共2202种，相比1978年增长近12倍。报纸的种类也迅速地增加了，由原来的以各级党委机关报为主发展到多种类报纸并存，出现了法制类、经济类、国际时事类、观点类、文摘类、学习类、文化类、休闲类、生活服务类等报纸，还出现了都市早报、都市晚报、星期刊、周末报、都市快报等。报业的经济效益也十分可观：1996年全国报业的广告总收入就高达77.6亿元，占当年全国广告收入额的21.2%。不仅是平面传媒的发展，在立体传媒方面也取得了巨大的进步。

（二）我国文化产业的发展

进入21世纪，文化产业在一系列政策支持下得到飞速发展。2000年10月，党的第十五届五中全会通过《中共中央关于制定国民经济和社会发展第十个五年计划的建议》，第一次在中央正式文件中提出了“文化产业”这一概念，要求“完善文化产业政策，加强文化市场建设和管理，推动有关文化产业发展……引导文化娱乐、教育培训、体育健身卫生保健等产业发展，满足服务性消费需求”。

2002年11月，党的十六大报告中明确提出文化产业发展和文化体制改革。这一报告开启了中国文化产业发展的新阶段。这一时期，一些中小城市，特别是中西部的省会城市开始了文化产业的引进与发展，比如沈阳、长春、武汉、郑州、太原、合肥以及西安、重庆、成都等，这些城市的发展一般采用交叉发展的模式：一方面，这些城市继续发展其制造业，尤其是高端制造业，以保持中国的实体经济的产值在整个国民经济产值中的份额，同时接纳东部地区制造业的区域转移；另一方面，这些城市还可以发挥其资源集中、人才云集的优势，发展文化产业，比如在高科技的技术创新方面和文化内容创新方面。

（三）文化产业升华为文化创意产业

2006 年是中国文化创意产业的元年，也是创意产业广泛普及以及被民众认可接受的第一年。到了 2007 年，创意产业的聚集现象引起了人们的重视。在产业走向聚集的大背景中，在党的十七大报告的指导下，中国文化创意产业呈现出新的发展态势和趋向。这一时期，在各级政府的指导下，各大城市都争相抢占文化创意之都的领地，不惜花巨资打造城市的创意形象。排名在中国城市创意排行榜首位的北京市，一方面仰仗首都的绝好优势地位，一方面借助于 2008 年奥运会的主办，一举将自身发展为中国内地最有创意的城市，并构建了政策支持体系和投融资服务体系。新政策以“扶大、扶优、扶原创”为指导思想，于 2009 年陆续出台了扶植影视动画、动漫游戏、义艺演出、出版发行和版权贸易、北京文化产品和服务走出去等多项政策，为文化创意产业的发展打造了良好的政策氛围。

（四）我国文化创意产业的发展现状

1. 文化创意产业规模不断扩大

中国文化创意产业增加值逐年大幅度攀升，增速明显高于部分新兴产业的增长速度。2014 年中国文化创意产业增加值比上年增长 12.13% ，比同期名义 GDP 的增速高出 4.73%。得益于政府的政策支持和金融危机背景下产业结构调整的内在驱动，我国的文化创意产业呈现出了全面爆发的态势，这种趋势主要体现在文化创意产业在国内各大城市的 GDP 中所占的比例和绝对利润值快速增长。

据国家统计局发布的数据，2016 年文化产业增加值为 30254 亿元，首次突破 3 万亿元，占 GDP 的比重为 4.07%，首次突破 4%。每一个万亿元的台阶，都是中国文化产业一个值得标注的里程碑：文化产业增加值第一次超过万亿元是在 2010 年，占 GDP 的比重为 2.75%，用了整整8年时间；第二个万亿元目标是在2013年实现的，用了3年时间，占GDP的比重为3.67%；这次实现第三个万亿元目标，也用了3年时间，占GDP的比重为4.07%。

2. 文化创意产业空间布局轮廓日益清晰

我国发展文化创意产业的资源非常丰富，资源优势转化为产业优势的潜力巨大，文化创意产业集聚化发展趋势日益明显，并通过自下而上式或自上而下式发展形成各个特色鲜明的文化创意产业基地、园区或集聚区。目前全国已初步形成六大文化创意产业聚集区：首都文化创意产业区；以上海为龙头，包括杭州、苏州、南京的长三角文化创意产业区；以广州、深圳为代表的珠三角文化创意产业区；以昆明、丽江和三亚为代表的滇海文化创意产业区；以重庆、成都、西安为代表川陕文化创意产业区；以武汉、长沙为代表中部文化创意产业区。

3. 产业内容体现本土化、差异化

中国各地区、各城市在发展文化创意产业的过程中，注意挖掘本地的文化遗产和资源，对其进行整合、创新和整体提升，将地方特色融入创意中，逐步形成了自身独特的发展思路和行业特色。如上海利用其近代遗留下来的工业建筑遗产，规划建设了一批文化创意产业集聚区，形成设计类文化创意产业与历史建筑改造相结合的发展模式；长沙凭借其丰富多样的文化资源，涌现出享誉全国的影视、出版和动漫产业。《超级女声》《快乐男声》的制作、“蓝猫”及其衍生产品的销售等都彰显了长沙的城市文化个性魅力。

4. 存在一定问题

尽管我国文化产业发展持续增长，但我国艺术文化产业对于其他大国来说发展还是缓慢的，存在着许多的问题需要我们去解决。如果只单单处于摸索状态而不去创新，在将来的产业竞争当中势必会被淘汰下来。对于拥有十几亿人口的大国来说，中国的艺术文化产业拥有着庞大的市场，为产业的发展奠定了消费基础，拥有极大的发展潜力。在北京、上海、黑龙江、武汉等大城市我国为了艺术文化产业发展逐步建立起了艺术产业园区，为产业提供了平台，同时也为城市增添了一笔庞大的经济收入。但只看重一线城市的消费市场，却没意识到二、三线城市的艺

术文化特色，将会使我国的艺术文化产业发展受到限制。

二、英国文化创意产业的发展现状

（一）发展概述

英国是世界上第一个提出“创意产业”概念的国家，也是第一个利用公共政策推动文化创意产业发展的国家。

近20年来，在政府的引导和推动下，英国创意产业增加值占GDP的比重超过7%，且每年都以高于5%的速度在增长，2012年的总收益增长9.4%，成为英国增速最快的产业。从事创意产业的企业超过10万家，从业人员200多万人，占英国就业总数的8%以上，居各产业之首。

（二）主要文化创意产业

1. 设计、时尚产业

英国是设计和时尚的发源地和领跑者，其产品无所不包，从家具到一级方程式赛车均囊括在内。英国设计产业充溢着热情和创意，却不失兼容并包的特质。

英国设计产业在许多方面都领先全球，品牌营造与沟通、产品设计、室内设计、多媒体与网页设计、设计策略与管理等方面尤其如此。在畅销电玩游戏和其他数字及网络空间的设计与开发方面，也颇受赞誉。

2. 音乐产业

英国音乐产业有强大的制作团队和成熟的运行机制。英国有2000多家唱片公司，1000多位专业音乐制作人，300多家录音室，英国音乐人工会的规模比英国煤矿工人工会还要大。英国也是世界级音乐节的所在地，例如格林德波恩歌剧音乐节（Glyndebourne）、格拉斯顿伯里当代表演艺术节（Glastonbury），同时还是世界知名音乐家巡回演出的必经之地。

3. 表演艺术产业

英国的戏剧艺术很早就达到了十分高的水平，在剧目创新、演出质量、演员素质等各方面都很出色。伦敦西区已经成为英国戏剧中心的代名词，该地区是与纽约百老汇齐名的世界两大戏剧中心之一，聚集了 42 家商业性经营的大型剧院。英国戏剧中很多经典剧目带来了强大的品牌效应，如音乐剧《猫》足足上演了 21 年，大型音乐剧《歌剧魅影》和《妈妈咪呀》更有全球数百万观众观看演出，产生轰动效应。英国的国家歌剧院与芭蕾舞团名扬四海，世界级指挥家也以能与英国交响乐团合作为荣。

（三）英国文化创意产业的发展措施

1. 成立文化创意产业规划小组

政府的大力支持，被认为是英国文化创意产业成功发展的关键。英国政府对文化创意产业的发展极为重视。从一开始就成立了以首相为主席的专门小组负责协调、处理、规划文化创意产业的发展，努力为文化创意产业的发展构建良好的外部环境。

2. 注重培养文化创意产业人才

优秀的人才参与到文化创意产业当中，是英国文化创意产业能持续健康发展的重要因素。英国较为注重对专门人才的培养。政府通过论坛、会议等多种形式，建立起高校与文化创意企业之间沟通的桥梁。同时，根据文化创意产业发展的要求，高校也适时增加相关课程的设置，供感兴趣的学生进行学习。另外，还将文化创意人员的培训工作接入高校课堂，高校设立多种课程供在职人员进修学习，提高自身素质。英国政府还利用网络手段以及其他教育培训机构，和外国的文化创意人才进行及时沟通，不断提高英国文化创意产业人才的水平。

三、美国文化创意产业的发展现状

（一）发展概述

在美国，文化创意产业被称为版权产业，主要分为核心版权产业、部分版权产业、交叉版权产业、相关版权产业四大类。美国官方并没有明确的关于创意产业的定义，也没有明确的文化政策。但这并不阻碍美国文化创意产业的快速发展。2016 年美国全部版权产业为美国经济贡献了近 2.1 万亿美元的增加值，是无可争议的美国经济支柱产业。其中，核心版权产业增加值高达 12356 亿美元，部分版权产业增加值有 380 亿美元，交叉版权产业增加值为 4070 亿美元，版权相关产业增加值有 4166 亿美元。美国成为全球文化创意产业规模最大的国家。

（二）主要文化创意产业

1. 影视制作

美国的电影公司大部分都集中于好莱坞地区，好莱坞已成为美国影业的标志。时代华纳、迪士尼、米高梅、20 世纪福克斯等世界跨国传媒集团都在美国。美国电影产量仅占全球产量的 6%，而市场占有率却高达 80%。美国影片已取得全球市场的绝对主导地位，在世界 150 多个国家和地区放映。

2. 图书出版业

美国出版业特别注重图书的宣传和营销，他们在运作畅销书方面有着成熟的经验和一套完整的市场化操作机制。根据不同的图书特点来选用不同的广告形式、宣传媒体、促销策略，注重针对性，突出实效性。通过全方位的媒体宣传和促销策略，增强了图书的知名度和吸引力。

3. 软件产业

美国是世界软件强国，其软件产品占全球 60% 以上的市场份额，还控制着软件开发平台和软件生产的核心环节，占据着世界软件产业链的上游。占领全球制高点的经济发展策略、高度发达的市场环境和丰富的技术资源，使得美国能够以技术创新为目标，积极发展软件产业的高端领域。

（三）美国文化创意产业的发展措施

美国文化创意产业的发展主要由市场主导，但是，政府的支持作用也不容忽视。通过政府部门颁布的各种立法以及行政措施的引导，为文化创意产业发展提供了良好的外部环境。

1. 注重高科技的投入

美国政府非常注重加强高科技在文化创意产业中的投入和运用，这是促进美国文化创意产业快速发展的主要因素之一。美国有较为完善的市场机制，这使得一旦有良好的文化创意产业投资机会，就会在第一时间得到有价值的高科技的支持，使得创意产业借助高科技快速上位。反过来，高科技投入在文化创意产业获得成功后，会进一步支持科技研发投入，形成高科技和文化创意产业互相促进、共同发展的良性循环。

2. 鼓励大型文化集团发展

美国为了发展文化创意产业，扩大其在全球市场的影响力，鼓励大型文化集团兼并与联合，推动具有全球竞争力的跨国文化产业集团的形成，比如时代华纳、迪士尼等。这些大型跨国集团在全世界范围内建立了庞大的连锁机构和营销网络，完成了对全球文化市场的占有和垄断。

3. 加强立法，重视版权保护

美国的第一部版权法可以追溯至 1790 年，后来又在 1976 年制定了新的《版权法》，并在之后随着时代发展多次修改《版权法》以保护版权，同时配套《半导体芯片保护法》《跨世纪数字版权法》《电子盗版禁止法》《伪造访问设备和计算机欺骗滥用法》等一系列版权保护法规，形成了全球保护范围最广、相关规定最为详尽的版权保护法律系统。

四、日本文化创意产业的发展现状

（一）发展概述

日本在 1995 年发表了题为《新文化立国：关于振兴文化的几个重要策略》的报告，提出 21 世纪"文化立国"的战略方针，计划通过产业运作方式大力扶持、发展文化创意产业，于 2003 年制定了观光立国战略，2004 年颁布《文化产品创造、保护及活用促进基本法》，总的来说，日本一直都将发展文化创意产业提升到国家战略的高度，对其十分重视。

（二）主要文化创意产业

1. 动漫产业

日本拥有多家动漫制作公司，同时也汇聚了一大批世界顶尖的漫画大师、动漫导演和动画绘制者。传媒手段的不断进步和完善，为日本动漫市场的开拓和延续提供了良好的条件。在中国,许多孩子都是看着日本的动漫作品长大的,著名的动漫作品有《樱桃小丸子》《名侦探柯南》《蜡笔小新》《海贼王》等等。

2. 电子游戏产业

电子游戏产业已经成为日本国家经济的重要支柱之一,从20世纪60年代初"街机"上市,到六七十年代之间开发"家用游戏机",再到八九十年代的"掌上游戏机",经过三十多年的耕耘,日本已经把电子游戏这棵"摇钱树",培育成第一时尚娱乐产业,在全球业界曾产生过垄断性的影响。

日本最著名的游戏制作公司任天堂,就是世界第一的游戏机公司。它开发和推广的王牌游戏"超级马里奥"系列风靡全球150多个国家;另一个风靡全球的游戏"俄罗斯方块"也毫不逊色。之后,任天堂的主要业务逐渐转向电子产品方面,研制出影响巨大的Famicom任天堂游戏机,使之迅速成为全球最大的电视游戏公司。随后,Super Famicom、N64、GameCube、Wii等主机的问世,更强化了任天堂在电视游戏界的地位。时至今日,电子游戏业为日本带来了巨额利润。全球电子游戏市场份额中,日本掌握了90%以上的硬件和50%以上的软件,其在全球电子游戏业的地位可见一斑。

(三)日本文化创意产业的发展措施

1. 通过立法规范文化创意产业发展环境

2001年日本国会提出了《振兴文化艺术基本法》,明确提出对漫画、电影等文化创意产品的知识产权进行保护。同时,为了维护文化创意产品的著作者的权利,修改了《著作权法》并更名为《著作权管理法》。2004年5月,日本国会通过了《创意产业促进法》。这在日本文化创意产业发展史上具有里程碑的意义。该法规定了国家、地方政府、公共团体都有义务积极推动扶持文化创意产业的发展。另外,《文化艺术振兴基本法》《知识财产推进计划2005》等多部法律都为日本文化创意产业发展提供了良好的外部环境。

2. 政府主导成立文化创意产业投资基金

日本政府为了引导文化创意产业的发展，于2000年联合银行、证券公司及其他民间企业共同成立了创意产业投资基金，投资于电影、电视等文化创意产业。随后，日本政府采取多种措施，制定了一系列文化创意产业投融资制度，包括成立政策性投资银行。并且放宽了对文化创意产业的限制，允许以著作权等为抵押向银行融资。政策性投资银行的成立，对促进文化创意产业的发展起到了极大的促进作用。另外，政府制定多项政策吸引民间资本进入文化创意产业领域，扩大了文化创意产业的资金来源。实践证明，日本的民间资本在文化创意产业发展中正发挥着越来越重要的作用。

3. 发挥民间行业协会的推动作用

日本与其他国家不同，具有很多文化行业协会，而且几乎每个行业都有自律性的组织或者机构。这些自律性的组织或机构以法人形式存在，负责规范行业内的行为，维护会员合法权利，其作用类似于延伸的政府组织。这些自律性机构在文化创意产业发展过程中也起到了巨大的推动作用。

4. 注重海外市场的开拓

日本政府十分重视文化创意产品的海外输出，一方面在国家战略中明确提出日本政府和在外使馆有义务帮助开拓文化创意市场，积极帮助企业走出国门，开拓海外市场；另一方面建立了专门的机构打击盗版行为，在海外活动中强化日本文化创意产品的形象，维护日本文化创意产品的利益，对海外市场的侵权行为通过诉讼进行维权，多种措施促进日本文化创意产品的出口。

第四章　文创产品的开发与设计

所谓“文创产品”，顾名思义是指文化创意产品，是创意者的智慧、技能和灵感的物化表现。文创产品设计是设计者借助于现代科技手段对文化资源、文化用品进行创造与提升，通过知识产权的开发和运用，而产出高附加值产品。文创产品是源于文化主题经由创意转化，具备市场价值的产品。

第一节　文创产品概述

一、文化创意产品的概念

（一）创意内核

文化创意产品作为文化产品的一部分，其本质都是通过人的劳动创造出来用以满足人们精神文化需要的产品。但同时文化创意产品不同于一般文化产品，而是文化产品的重要分支。文化创意产品强调创意、重视创新，重视个人和团队的创造力以及知识的作用，强调文化对经济社会的支撑和推动作用。文化创意产品力求探索文化元素或文化因子，通过各种设计手法、表现手法以全新的表达方式诠释文化创意，以此提升产品和服务的附加值，为消费者提供独特的消费体验，激发新的消费欲望，引导消费升级。

（二）商品属性

文化创意产品与一般文化产品和一般物质产品一样，都具有一般商品的属性。

恩格斯对此进行了科学的总结："商品首先是私人产品。但是，只有这些私人产品不是为自己消费，而是为他人的消费，即为社会的消费而生产时，它们才成为商品；它们通过交换进入社会的消费。"所以，文化创意产品首先是面向市场消费并以获得经济效益为目标的商品。

（三）文化基因

文化创意产品作为文化产品的重要分支，必须具备文化内涵和文化功能，反映当下的文化生活。在满足市场需要的同时，也需要时刻注重促进和提高人的思想境界，改善人的精神状态，培育人的道德情操。

二、文化创意产品的特征

（一）独特性与超越性

世界创意产业之父、英国经济学家约翰·霍金斯对"创意"的阐述是："创意可以被简单定义为'有新点子'。有四个标准来衡量一个新创意：它必须是个人的、独创的、有意义的和有用的。"文化创意产品由于其本质的追求是"破旧立新"，其属于创造性的产出，独特性和超越性是文化创意产品追求的重要品质。

（二）教育性与公益性

文化创意产品具有双重属性，即商品属性和精神属性，同时也就决定了文化创意产品在创作和生产过程中必须追求经济效益与社会效益的统一。面对市场，不得不追求经济效益，但作为文化产品又需要发挥文化对社会的服务作用，必须提供积极的精神导向，创造良好的社会效益。

台北故宫博物院院长林曼丽女士在开发台北故宫博物院系列文化创意产品时曾言："创意文化商品是针对年轻族群所设计的，除了要让一般时下年轻人知道，原来故宫也可以和他们这么亲近之外，也希望借由这一批新的文化创意商品能够带领年轻人主动进入故宫里，进而了解故宫典藏之美。"设计师要善于通过提炼文化元素并以符合年轻人审美的表现形式重组文化藏品，以新颖、独特的呈现来开启年轻人对于历史与文物的兴趣。文化创意产品既是消费品也是文化教育的载体，拓宽了对大众教育的方式方法。

（三）民族性

一个民族生活方式和风格的特质，能够在他们所生产的各种文化商品总体中体现出来。每个民族都有他们自己特殊的历史，因此每一种生活方式都是独特的。各国的文化创意者都在试图提炼和创造代表本国的创意文化，以吸引其他国家人群的认同，达到价值观渗透和经济获利的目的。在此背景下，文化创意产品被赋予了强烈的民族性来呼唤新一代人群对本国文化的认同感和归属感。

三、民族文化创意产品的特点

第一、特有性。民族文化创意产品能够把各民族特有的风土人情、文化艺术形态等表现出来，通过产品的形式加以体现，具有民族特有性。

第二、传播性。民族文化创意产品是具有流通性的，在流通的过程中可以把民族文化及其精神内涵传播出去，民族文化创意产品变成了民族文化呈现和流通的载体，民族文化和民族精神可以得到有效传播。

第三、带动性。优秀的民族文化创意产品会产生非常高的关注度，通过以点带面，会给区域带来一定的关注度。这些关注度往往会产生积极的影响，带动地区相关制造业、文化产业等的共同发展，从而也能带动地区经济，提升社会影响力，体现出良好的带动性。

第四、传承性。民族文化创意产品具有一个非常重要的属性就是传承性，它是民族文化传承的具象表现，也是民族文化活态传承的具体表现，能够为民族物质和非物质文化遗产的传承带来新的思路和新的路径。

四、影响民族文化创意产品发展的主要因素

（一）经济价值层面

影响民族文化创意产品需求量的重要因素之一就是经济价值。随着中国多年来的经济发展，文化创意产业也得到了快速发展。民族文化创意产品是地区的文化载体，多样性的民族特色文化产品更能吸引消费者的目光，其经济价值不可估量。民族文化创意产品带有浓郁的地域文

化和民族韵味，溯本求源，一定会提升大众对民族文化的认可，快速提升民族文化的经济价值。

（二）社会价值层面

民族文化创意产品能够提升大众对民族文化的认知水平，起到宣传教育的积极作用，增强社会大众对民族文化的认同感，提升地区社会大众的凝聚力。主要原因是民族创意文化产品蕴含艺术性，艺术来源于生活，它体现了区域民族文化的精神内涵，能够很好地宣传民族文化精神与灵魂。民族文化创意产品的流通和销售，还能起到宣传教育的积极作用，很好地体现社会价值。

（三）历史价值层面

民族历史文化需要传承，民族文化创意产品是文化传承的活态表现。民族文化在历史演变历程中沉淀了许多精髓，它们有不同的表现形式，包括特色建筑和风俗习惯等，都是人们对历史传承的表达，是对各个时期经济、文化、社会等方面进行深入考察研究的载体，也是特定地区历史发展的见证。而民族文化创意产品将这些民族历史文化通过活态传承的方式保存下来。

第二节　文创产品的设计理念与创意实践

一、上海市历史博物馆

春秋战国时期，上海是楚国春申君的封邑，故上海简称“申”。晋朝时期，上海的渔民创造捕鱼工具“扈”，故上海简称“沪”。江浙吴越文化与西方传入的工业文化相融合形成上海特有的海派文化，上海因现代城市的独特魅力又被称为“魔都”。上海就是这样一个融合历史与现代、东方与西方、突破与传承的城市。上海市历史博物馆的文创产品开发就是建立在这丰富而多元的历史文化之上的。

为了更加精准地定义上海市历史博物馆文创衍生品的产品品类，设计师开启了基于用户行为和大数据的线上线下立体调研。设计团队利用阿里巴巴的大数据，精确地分析整个文创产业产品品类的特点。研究得出，在京东平台上数码产品的销售量远远高于天猫，天猫的品牌产品的销售量远远高于淘宝，而淘宝的创意小产品的销售量则远远高过于京东。各平台不一样的销售特点也为品类定义起到关键作用。

线上热销的产品与线下是完全不同的，每个平台之间的品类特点也不尽相同。在线下销售方面，设计团队实地考察了上海市历史博物馆新馆周边文创商店的销售情况。设计师在新馆的周边进行了三天实地访谈调研，拍照取证，在这个过程中，设计团队精确地判断出像钥匙圈、冰箱贴、明信片这种轻量化的产品更加受到游客的关注，更容易成为博物馆衍生品的爆款。而那些比较重的，如书架、瓷器等易碎品就销售得不是特别好。这些研究对设计团队未来的产品规划和设计起到关键作用。

表 4–1　调研爆款产品

产品	目标人群	销量(个/天)	价格(元)
冰箱贴	国内外游客	15	8—12
杯垫	国内外游客	5	80 一套
主题明信片	国内外游客、学生	100+	2—10

(一)定义消费人群

上海市历史博物馆新馆位于上海市中心的人民广场，这里是著名的旅游区，人流密集，但是人群的构成却相当复杂，能否准确地捕捉到目标客户变得尤为关键。设计团队经过长时间的研究，总结出三大类基本消费人群：第一类是旅行团，他们的消费特点是以留念为主，追求意义感和纪念性，一般不会买特别贵重的物品，同时考虑到便于携带，他们需要的产品一定是轻巧而精致的；第二类人群是国外游客，他们希望透过产品更好地理解中国文化，更喜欢中国元素的产品：第三类人群是一些散客和学生，他们喜欢价廉物美的产品，喜欢个性化的创意，跟学习用品有关的产品会广受欢迎。设计团队根据不同人群的需求，有针对性地开发产品来适应各种差异化的消费观念。

(二)大数据运用

设计团队利用百度的大数据平台，判断出一年之中旅游景区的消费热点和趋势，并以此为依据定义设计主题。例如设计团队在百度数据平台上输入“上海旅游”这个关键词，就会发现在每年的2月、7月和12月是被高频搜索的，相对应的就是传统的春节、暑假和圣诞节。又如设计团队输入“上海的文创衍生品”关键词，就会发现有历史意义的文创产品是高频的搜索方向，因此有历史价值的文创产品是市场所关注的。通过人群的细分和数据的挖掘，设计团队提出并定义了上海市历史博物馆产品线的发展方向：在线下销售具有意义感的纪念明信片、冰箱贴、钥匙圈等小物件；在线上销售具有实用功能的生活用品，并通过不同的产品组合来激发消费需求。

在品类定义之后，再跟文化元素做概念整合，按照不同的逻辑次序定义出上海市历史博物馆未来三年的产品开发计划，从而引领开发过程。计划表中包含了所有的主题元素的提取和产品品类的定义，这会让设计团队在未来的设计中方向明确，设计师可以在框架下释放自己的创意。

（三）产品创新设计

基于用户和文化传播的需要，设计团队率先设计了四个系列的产品：为儿童开发的“智趣”系列，包含了文具、益智产品，强调趣味性和亲和力；为商务人群开发的“黑金”系列，酷劲十足，彰显个性；为时尚一族开发的“手绘”系列，由富有才华的插画设计师倾力绘制，充满无穷的想象力；根据上海市历史博物馆一级馆藏品而开发的“极致”系列，充满匠心和艺术的极致魅力。

智趣系列产品是根据儿童和学生的特定需求而开发的，品类包括文具、绘本、铅笔卡包、磁力贴等。设计团队通过提取上海市历史博物馆大楼建筑的元素特征，经过儿童画的线条处理和色彩运用，呈现出亲和而富有活力的系列风格。铅笔盒的设计，将上海历史上有名的有轨电车作为外观的主体形象，根据儿童所喜欢的铅笔储藏的结构方式，做使用方式上的创新。在铅笔盒的底部加入可以旋转的轮子，让整个铅笔盒更像一个可以行驶的有轨电车，儿童在使用上更有趣味，这样的设计受到儿童的喜爱。

（四）产品中试

产品中试是将设计转化成产品的关键环节，是从概念到量产的本质跨越。首先，它可以验证设计的可行性，包括工艺、材料、工期及成本等要素。产品在打样完成后，还需要根据实际情况对设计进行调整，直至达到最恰当的状态。其次，打样的实态产品可以让设计师和客户对产品有更确切的体验，也有利于客户提出改进的要求并进行选择。产品中试是设计师、供应商、客户密切合作的结果，也是一个成功产品诞生的重要环节。

1. 黑金系列

黑金系列作品充满时尚感，酷劲十足，设计师将流行而经典的黑色与华贵而时尚的金色相结合，通过完美的比例调和，呈现出时尚而典雅的气质。设计团队将上海市历史博物馆新馆大楼的显著特征进行描边处理，用金属的材质配上自然的皮质肌理，形成高价值的视觉感受。设计团队找到保存完好的上海市历史博物馆大楼施工图纸，经过再设计，通过数据化的建模做成不锈钢金属的立体模型，在现代中透出古典气质。由这些保存完好的建筑图纸抽象出来的视觉元素经过不断演绎，制成了黑金本子等产品，不断传递出匠心气质，这在市场上也获得了很好的反馈。

2. 汇丰银行铜狮

汇丰银行建楼的同时铸造了两对同样的铜狮子，一对放在上海行址大门口，另一对放在香港。为了显示铜狮子的珍贵，汇丰银行故意将铜狮子的模具销毁，宣称“世界上再没有第三对相同的铜狮子”。后来太平洋战争爆发，日军掠走铜狮子准备改制枪弹，又因无暇顾及，就搁置在军用仓库中。日本投降后，在日军仓库里发现铜狮子，于是物归原主。上海解放初期，铜狮子曾一度被搬走，后来大楼由上海市人民政府使用，又放回原处。“文革”时期，这对铜狮子再次下落不明，直到改革开放，大楼由浦东发展银行使用，阔别 30 余年的铜狮子又出现在原处。可见这对铜狮子历经磨难，三落三起，弥足珍贵。基于这对铜狮子开展创作的过程也同样充满艰辛。设计师通过三维扫描将汇丰银行铜狮数据化，然后基于数据化模型进行元素的再创意。设计团队把铜狮配上汇丰银行的建筑做成了非常厚重的书立，把狮头做成了钢笔的笔头，把铜狮做成了伞柄，用鎏金的材料让整个设计体现出华贵的视觉感觉。基于汇丰银行铜狮的创新从元素的提取到最后的落地，处处体现出设计师的细致思考。

3. 外滩元素

经过再设计的外滩手绘建筑极具装饰性，将建筑、历史和当代的气息巧妙地连接在一起。设计团队通过电脑的再处理，把手绘稿转换成矢量文件，并能够适用于更多的产品。最终设计团队将文化元素与产品功能进行巧妙融合，把手绘的插画图制成了明信片，配上 12 色的铅笔，做成了广受儿童喜欢的涂鸦套装，外滩建筑系列的产品受到大家的欢迎。

（五）新零售模式

为了创造更好的用户体验，设计团队为上海市历史博物馆开启了关于新零售模式的探索。利用大数据、智能装备、云计算来融合线上线下资源，重构人、货、场的关系，从而多触点、立体化地满足顾客的个性化需求。在这样的模式下，上海市历史博物馆衍生品店的服务链更加合理，适应了社会化消费的新趋势，为顾客提供了极致的服务体验。

从整体来看，新零售模式具有八大优势：一是可以做到传统门店无法做到的互动体验，为客户带来不一样的服务；二是去除中间环节，可以获得更高的回报；三是线上线下一样的商品与价格，顾客不需要一家家去比对商品；四是在新零售模式下宣传推广有了更多的途径；五是销售的商品门类也可以更多，门店提供平台，线上拓宽销售，反向促进线下售卖；六是新零售模式共享互联网资源能够做到物流统一发货、互联网快捷支付、线上线下双线推广；七是最大限度地整合资源，整合各类文化产品实现效率最大化；八是馆、店互联网转型，通过互联网衍生品集成店可以向全国扩展，扩大销售。

（六）零售空间再设计

设计团队为上海市历史博物馆开发的新零售空间导入了很多技术资源，从进门的人脸识别开始收集信息，通过数据分析在店铺内部进行个性化推荐。店铺内通过智慧柜、互动墙以及全息投影来全面立体地展示商品信息，从而增强顾客的互动体验。同时提供三种便捷的结算方式，顾客可以根据需要选择最佳的方式。在购物的过程中，店铺会根据大数据为顾客个性推荐商品，顾客也可以用自己在博物馆中拍摄的照片进行以图搜图，精准匹配到与图像相关的商品。顾客在消费后，点赞和喜爱的好产品会被推荐给其他的顾客。

上海市历史博物馆的文创衍生品开发项目从启动到完整呈现整整花了20个月的时间。在这段时间里，设计团队深入上海浩瀚的历史当中，亲身体验和感受上海这座城市的温暖记忆。从市场研究、文化挖掘、产品定义、开发设计、供应链整合到营销规划和新零售空间的营造，设计团队用持久的激情和坚强的意志克服了一个又一个困难，最终让整个产品系统得以完整地呈现。这些作品或许就是设计团队献给上海的最珍贵的礼物！

二、荷兰凡·高博物馆

（一）还原艺术细节

衍生品设计需要基于对原作的二次设计，于是设计团队从凡·高博物馆获取了10幅凡·高代表性画作的原件，如《杏树》《向日葵》《鸢尾花》等。当设计团队看到原作时，其细节和色泽所带来的震撼感如同让设计团队亲历凡·高作画时的一般，这种感受和在画册和杂志上所见的翻拍图像完全不同。根据凡·高博物馆工作人员的介绍，设计团队充分了解了每一件作品背后凡·高本人所经历的情境和事件，如在《向日葵》一作中，凡·高运用了38种不同色值的黄色去表现向日葵的质感与美感。凡·高博物馆馆长希望设计团队能在设计和生产环节，尽可能地将这种微妙的细节还原出来。

对制图到印刷流程有所了解的人会知道，印刷中所产生的明暗度差和色差是极难避免的因素，于是设计团队在印刷厂和调漆厂反复试验并不断推翻过往样品，通过堆印、丝印和移印等各种表现处理方法来还原原作色彩。由于当时开展设计工作的时间节点已相当紧张，因此这样的尝试过程对设计团队的设计师和供应链是一次极大的挑战，最终设计团队成功地把38种不同色值和层次感的黄色表现得淋漓尽致。设计团队所推出的鼠标、手机壳、整理箱、抱枕等印有凡·高画作的IP授权衍生品也获得了可观的销售业绩，同时斩获了商业上的成功和受众的美誉。

（二）艺术融入生活

凡·高的作品被后人定义归类为后现代主义风格，其主要特点在于其画面既基于描摹自然，同时又具有着受主观感受影响的色彩偏向，以及装饰化的表现手法。

鸢尾花系列则是在装饰主义的风格框架下的极具代表性的作品，大面积的鸢尾花呈现的紫色、背景的米黄色，加上顺着植物的形体的笔触，使画面充满了生命的律动感。两色的对比在和谐的纯度和明度的制约下，显得鲜亮却又不失协调。于是设计团队将这个系列的作品与餐盘等一些餐具进行结合，将装饰主义风格进行了一次淋漓尽致的表达。

杏树系列的特点是依靠大面积的墨绿色来衬托出色彩饱和度较低的花形主体，其弱化主体的手法使其恰巧能够成为餐盘等产品的纹理素材，在平凡中见精致，在朴素中寻惊奇。凡·高艺术衍生品系列的一大重要特点便是多平台联动，充分发挥各方的价值，最终获得商业化共赢，相当于一个四方联动的过程。第一个平台便是项目的发起方阿里巴巴，作为总的引领性大平台，其使命便是串联起各方资源。第二个平台是设计方木马公司，木马公司将自己的创意点与凡·高的文化特质进行融合，并输出了高质量的设计作品。第三个平台是产品的制作方也就是设计团队的供应链，大量的制作工厂将设计团队的创意转化为实际的产品而进行打样、批量化生产，最终变成消费者使用的产品。第四个平台则是版权提供方也就是凡·高博物馆，将大量高清的画作素材授权给设计团队进行设计和生产。

在木马文创设计完成了 70 多件作品之后，便交给了淘宝的众筹平台——这既是一个产品销售的渠道，又是一个能够从中听取大众意见的端口。一件产品能否受到欢迎，在众筹量上能否得到立竿见影的答案，设计团队都可以从众筹平台上第一时间获知，将这些反馈作用于设计的优化并推出下一系列的产品。

设计团队的耳朵杯、抱枕、瓷器等，在此次项目中都创造了销售上的奇迹，这既是木马文创的成功，也是多方合作共同努力的结晶，因此业界曾把这个项目称作中国的文创衍生品中最早与众筹相结合并取得成功的项目，2015 年也就被定义为文创产品的元年，设计团队非常荣幸能成为此项目的设计者、参与者和见证者。

三、中国国家博物馆

中国国家博物馆承载着历史的使命，收藏着绵延上下五千年、浓缩博大精深中华文化的珍贵藏品。文物厚重的历史和艺术价值实在丰富多彩，在设计团队经历了持续的文化探寻和追溯之后，才仿佛触及了冰山一角。中国国家博物馆期望运用新设计再现中国文化的内涵，将华夏文明传播到世界各地并让更多人了解。

（一）海量文化 IP

从红山文化雕琢精美的中华第一龙、殷商晚期形制雄伟的后母戊鼎、铸有武王征商铭文的利簋，到诙谐传神的东汉击鼓说唱陶俑、体现盛唐气象的三彩骆驼载乐俑，再到宋元明清精彩纷呈的瓷器、书画、古籍善本，海量的中华传统文化在这里绵延不断、薪火相传。中国国家博物馆作为国家的文化客厅，是向世界展示中华文明美丽的窗口。中国国家博物馆藏品有 100 余万件。这个数字虽让设计团队的设计师为海量的文化探索感到无比兴奋，但同时考虑到梳理数量如此庞大的品类并且选择具有代表性的对象进行定义和再设计，将又是一大挑战。因此设计团队提出了两条思路来分类和过滤设计团队所要选择并开发产品的文物：其一是从大众熟知的历史主线脉络中截取某些著名的文物作品；其二是从中国国家博物馆中的镇馆之宝或民众认知度高的作品中筛选。通过这两种方法，设计团队很快地梳理出需要进一步开发价值的近百件作品。

（二）文化内核

历史的描摹并不简单，设计师在调研时却体会到了赏物的乐趣。在提取设计元素之前，要将文物自身的文化脉络理清，明其纹理，知其技艺，悟其含义。欣赏每个文物作品线条的走向和细节的把控，这一切都是饶有趣味的，让设计师们觉得任何一个微小的细节都难以简化甚至丢弃。但只停留在表象上，就只是“明其纹理”；更进一步，思考其形态如何生成，即“知其技艺”；但若想真正抓住作品的文化内核，要联结当时的历史情境，体悟作品的性格与灵魂，才能“悟其含义”。只有做到第三层，才有资格去做设计。对于中国国家博物馆的文创衍生品设计，设计师力求生机酣畅，力求高古、凝重、朴厚的美感，形象不可过于简化，要时刻尊重历史的美学标杆，但在技法上可以寻求多种可能性：元素提取必经得起反复推敲揣摩，配色讲究沉稳老练，即使大胆用明色，也讲求色彩的秩序，少见轻佻。

（三）文物IP提取

1. 四羊青铜方尊

造型雄奇，匠心独运。颈部饰由夔龙纹组成的蕉叶纹与带状饕餮纹，肩上饰四条高浮雕式盘龙，羊前身饰长冠鸟纹，圈足饰夔龙纹。

2. 妇好青铜鸮尊

器身口内壁铸铭文“妇好”。整器为一站立鸮形，器盖置于鸮首后部，鸮昂首，歧冠高耸，“臣”字状目，小耳，钩喙，胸略凸前，双翅并拢，两爪粗壮，四趾抓地，宽尾下垂。器通体以云雷纹为地，器盖饰饕餮纹，前端有一立鸟，尖喙，歧冠，鸟后饰一龙，拱身卷尾。冠面外侧饰羽翎纹，冠面内侧、颈部两侧饰夔龙纹。喙与前胸各饰一蝉纹。两翼前端各盘曲一条长蛇，身饰菱形纹。尾部饰有一鸮，圆眼，尖喙，双足内屈，两翼平展，做飞翔状。

3. 花鸟人物螺钿铜镜

球钮，镜背嵌螺钿圆像，二老人坐于花下，饮酒作乐。花间有鸟飞翔，荫下有一猫。右侧一女侍立，前方有鹤翩跹起舞。此镜装饰工细，人物面目服饰历历可见，如一幅绘画，是宝贵的艺术品。

第三节　文创产品的开发种类与思路

一、不同类型的文化创意产品设计

不同的时期，不同地区会形成不同的文化，每一种文化都具有其他文化所没有的优势，其风俗习惯、物质基础、文化心理等受环境影响产生不同特征，从而塑造了不同的价值观、思维方式。文化相互交流、取长补短，在借鉴彼此优势、共同发展的过程中不断创新。对于不同类型的文化创意产品设计可以分为以下三种：

（一）博物馆文化创意产品设计

博物馆的社会教育与娱乐功能是文化传承与传播的重要途径。博物馆依据收藏、展示物品的不同，可以分为历史类博物馆、美术类博物馆、自然与科学类博物馆、地域民俗风情类博物馆以及综合类博物馆等。多元化的文物资源成就了博物馆文化创意产品的特色。博物馆文化创意产品不仅有商品属性，而且具有传达馆藏品的象征意义、美学价值的高附加值，它可以传递文化的情境或感触，拉近参观者的感受。

（二）旅游文化创意产品设计

在快速发展的信息时代，人们的民族意识和对民族文化的认同感逐渐增强，因而通过开发和应用地域文化来设计旅游文化创意产品，可以提高地域文化的存在价值。当前各国都致力于把本国特色展现在广大消费者面前，旅游文化创意产品将地域性民俗文化元素与实用性、创新性结合，不仅能够突出传统文化的价值，推广传统民族特色的文化，也能够使消费者产生情感共鸣，让更多的人认识它。比如，南京“总统府”的文化创意产品，有以“总统府”的大门为元素设计的文化衫，有以“总统府”前士兵形象为元素的Q版人物的书签，还有纪念徽章，等等。旅游文创产品设计应用元素比较单一和直接。

（三）校园文化创意产品设计

校园文化是学校所具有的精神环境和文化气氛。以学校的人文特色为素材，以承载学校历史文化底蕴而开发的校园文化创意产品，是学校品牌开发、突出自身优势、提升自身影响并创造一定经济潜能的重要手段。校园文化创意产品在很大程度上承担了重塑校园记忆的功能。

二、文创产业中的开发和营销——文创衍生品

对于很多人来说，文创衍生产品还是近两三年出现的新鲜名词，就像设计团队现在探讨的文创产业一样。在此之前没有人会想到“逗孩子玩”的文创片还能够赚钱，还要当作产业来大力经营。但事实上，文创产业是一个巨大的、已经成为某些发达国家经济支柱的产业，只是我国的文创产业尚处于起步阶段，但从侧面说明，国产文创产业具有广阔

的发展前景和巨大的潜在市场。

（一）我国文创衍生产品市场现状分析

经过对受众人群、国产文创片生产、衍生产品市场以及业内专家等进行调研、走访，以及详细的情况、数据分析，归纳总结出我国文创衍生产品市场主要存在以下四个方面的特点和问题：

第一，我国虽然青少年人口众多，但真正对文创衍生产品具有消费能力的人口却很有限，且分布不均匀，主要集中于北京、上海、广州、重庆等几个大城市。

首先，文创片以及衍生产品的消费人群大多集中于城市；其次，尽管我国人民的生活水平有了大幅度提高，但是，设计团队也要清醒地看到，随着各项体制改革的深入，我国的市场经济已经逐步形成，许多在计划经济时期由国家承担的福利性质的费用现在都要由个人来担负，而文创片以及衍生产品毕竟是锦上添花、可有可无的奢侈品。因此，在进行我国文创市场容量的估算时，只有将这些因素考虑在内，才能对生产品的开发前景和市场的实际消费能力进行准确的测评和合理的定位。

第二，国产文创缺乏有影响力的文创形象，可以开发衍生产品和市场化运作的文创片又太少。

义乌是国际文创产业状况的“微缩景观”，从那里可以看出动漫衍生产品开发、营销的总格局。义乌小商品市场的年产值大约为 300 亿人民币，动漫产品占到近 1/3，即 100 亿人民币。据行业协会统计，国外动漫相关产品的种类占该市场的 95%。如果按照国内产品等成本价来计算，国外动漫相关产品的年产值近 95 亿人民币，而国产的只有 5 亿人民币。这就是说，如果设计团队将动漫衍生产品市场比作一块大蛋糕，那么其中的 95% 都要被外国切去，设计团队所能够“吃到”的，只不过为 5%。

第三，低幼儿童市场消费能力有限，青年人和成年人市场潜力巨大。

不管市场如何变化，衍生产品总是围绕着低幼儿童用品打转。而且购买权往往掌握在家长手里。因此，开发低幼儿童消费品市场的商家所真正要应对的并不是儿童，而是家长，这也就决定了在这一块地盘上实际的开发空间是有限的。

长期以来，少年、青年人和成年人被我国文创业所忽视不见。他们对文创相关产品的消费能力远远超过 14 岁以下的儿童。大部分人有自己的收入或者手里有一定量的可支配资金。

第四，盗版猖獗，严重阻碍我国文创衍生产品市场的良性运转和有序发展。

盗版产品疯狂占领文创市场，严重挤压了正版制品的市场份额，致使文创市场秩序混乱，正版开发商难以从中获利。其后果是，许多有意于通过卡通品牌授权进入文创衍生产品行业的企业在这种无孔不入的盗版面前只好望而却步，一些实力薄弱的中小企业则更是不敢轻易涉足。盗版的猖獗，大大阻滞了我国文创衍生产品市场前进的脚步。

（二）文创衍生产品的开发

何谓“文创衍生产品”？在回答这个问题之前，设计团队先来看看文创产业资金回收和盈利的三个市场层次：第一层次，文创片的播出市场；第二层次，根据文创片内容制作的音像制品和卡通图书市场；第三层次，根据文创片的角色形象开发的衍生产品市场。设计团队所说的“文创衍生产品”指的就是在第一层次和第三层次市场中流行的产品。

1. 文创衍生产品开发的多样性

在美国，开发文创衍生产品的历史已经超过70年，业已形成庞大的衍生产品系统和合理有效的开发策略，设计团队应该对之进行分析、学习，并择其优而应用到国产文创产品的市场实践中来。

文创衍生产品的种类可以粗略地将之分为三大类：一、内容类产品。二、形象衍生类产品。三、综合类。在每一项之下又可以开发出许多品种。而我国在衍生产品的开发方面刚刚起步，远远没有打开思路。种类单调和质量低劣是产品的弱项，自然也就是设计团队需要弥补和改进的主攻方向了。

2. 文创衍生产品开发的准确性

文创衍生产品开发的准确性，是值得有关人员在实践操作中格外注意的一个问题。由于消费者定位不准确或者开发的种类不对路，虽然许多国产文创片开发了衍生产品，但却得不到市场的承认，达不到预期的经济效益，这种情况之所以会经常发生在目前我国文创衍生产品市场中，其原因主要在于除了音像、图书一项具有共通性外，并不是所有的项目都适合于任何一部文创片。比如《名侦探柯南》虽然故事性很强，思想性也好，但由于柯南被塑造成写实的正面形象，不具有吸引人的趣味性，所以便难以开发玩具产品。不过，也正因为《名侦探柯南》的故事性强，才使其能够以逻辑严密的侦探推理而深深地吸引14岁以上的青年观众，并由此而走俏于图书、影像和电子游戏市场，受到广泛的青睐。

3. 办好“动漫会展”，打造文创产业宣传、交流平台

动漫会展是一个特殊的文创衍生品项目，综合性强、影响力大，对于动漫文化的普及和动漫市场的建立具有很大的推动力。但设计团队也应该看到由于丰厚利润的驱使，而致使国内举办的动漫展太多、太散，屡有地点和时间上出现过于集中和重叠的现象，而且不同动漫会展的内容重复，相差无几。更有一些动漫会展缺乏专业性的策划，内容冗杂、秩序混乱。

如何才能充分利用“动漫会展”这一综合性的产业宣传活动，已经引起了我国政府的高度重视。2005年6月，在杭州成功举办了第一届由国家出面主持的“杭州国际文创节”，并决定今后将采取招标的方式，每年举办一次。利用这个平台，不仅文创制作部门和播映部门可以更好地沟通，而且衍生产品开发商也可以找到具有开发价值的动漫形象。还是通过这个平台，国际文创产业人士看到了中国文创产业的巨大潜力，增强了与设计团队合作的信心，从而在客观上为中国文创走向国际市场扫清了障碍，拓展了道路。

三、文创产业的相关政策

从国内目前的情况来看，我国的文创产业还存在资金、技术、人才等许多要素流动不畅，地方保护主义壁垒等问题。单个企业进行制度突破的成本过高，这就需要国家进行干预，制定相应的扶持政策，为其发展提供良好的环境。

（一）产业政策的分类

按照政策目标不同，产业政策可以划分为产业结构政策、产业组织政策、产业布局政策和产业技术政策。这也构成了本书界定的产业政策。

1. 产业结构政策

产业结构政策是指政府根据一定时期内产业结构的现状，遵循产业结构演进的一般规律，应产业结构变动的客观要求，规划产业结构演进的目标，并通过确定产业的构成比例、产业发展序列，促进资源的重点配置，为实现产业结构的合理化而实施的政策。

产业结构调整的主要内容就是确定产业结构高度化的目标和产业发展的序列，并分阶段地确定重点发展的战略产业，选择主导产业并通过信贷、税收以及经济立法等扶持或撤让措施，使社会资源向具有广阔市场前景、产品收入弹性高、对其他产业部门带动效应大的产业流动，同时推动衰退产业的撤让，从而实现调整不合理产业结构，提升产业的国际竞争力，引导国民经济快速发展并获得最优经济效益的目标。

2. 产业组织政策

产业组织政策是为促进产业内部企业之间的交流，实现资源的合理配置而制定的规制产业市场结构与市场行为的政策的总和。其目的在于：通过协调自由竞争与规模经济的关系，建立正常的市场秩序，充分发挥竞争的活力，促进资源的自由流动与有效配置，实现社会产出的最大化。

产业组织政策主要通过两个方面实施：市场结构控制与市场行为规制。前者主要是对产业的结构进行监测与控制、协调，通过控制市场集中度，降低进入门槛，以维护有利于竞争的市场结构。后者则主要是通过对企业的价格行为、技术开发、不公正竞争行为以及欺诈、行贿等不道德行为的监控与协调，维护正常的市场秩序。

产业组织政策主要包括反对垄断、促进竞争的政策，推动建立和形成大规模生产体制的政策以及促进中小企业发展的政策等。其旨在促进产业组织的合理化，通过协调市场经济规模和市场竞争效率，建立正常的市场秩序。

3. 产业布局政策

产业布局政策是政府根据国民经济与区域经济发展的要求，所制定的关于产业空间分布和组合、区域经济协调发展的政策的总和。其目的是以此调节区域产业结构与产业组织，充分发挥区域的区位优势，提高国民经济的总体效率。

产业布局政策是区域政策体系的重要组成部分，具有地域性、层次性与综合性等特点。其主要内容包括：制订区域发展规划，确定发展方向；对重点地区进行倾斜，形成集聚效应；发展基础设施，改善产业发展条件等等。

4. 产业技术政策

产业技术政策是政府为引导和促进产业技术进步，提升产业技术水平而制定的相关政策的总和。

一般来说，产业技术政策包括研究与开发援助政策、高新技术鼓励政策、技术引进政策。研究与开发援助政策主要是针对新产品、新工艺与新材料等方面的研究和开发所制定的扶助性政策；高新技术鼓励政策是为了促进高新技术的产业化、商品化而制定的措施；技术引进政策则是为了缩小产业技术与国际先进技术的差距而采取的技术引进、消化以及技术人才引进等政策。

（二）文创产业政策具体内容

1. 扶持政策

为提供更好的环境，创造合理有序的动漫产业结构，引导动漫产业规模化、集约化发展，提升动漫产业的整体水平，国家与政府陆续出台了一系列政策。

（1）税收优惠政策

被列入文化产业的动漫产业在税收方面享有多项优惠政策，主要包括增值税、所得税、营业税等国家对动漫企业的补贴、贴息贷款等，国家通过调整相关的税率、税目以及减免税政策，为文创产业发展提供了优越环境。

（2）建立产业专项资金

关于专项资金的设立，中央与地方纷纷行动起来，在不同具体领域不同地理空间投入上亿资金，保障各地文创产业的发展，涉及的文化产业领域较多，主要有：动漫产业专项发展资金、电影事业发展专项资金、电视文创发展专项资金。

此外，为推动我国原创动漫产业的进一步发展，中央财政下了很大功夫,特意成立了扶持文创产业发展的专项资金。2008 年 9 月,开启了文化部“原创动漫扶持计划”,700 万元专项资金用于扶持 10 部优秀原创漫画作品、10 个漫画创作者(团队)、10 到 20 部优秀原创动漫演出作品、10 个动漫演出创作者(团队)、30 部优秀原创网络动漫作品以及 30 个优秀网络动漫创作者(团队)。

2. 产业集中政策

为促进文创产业集聚,各级政府建设出具有地方特色的产业基地,并通过制定优惠的产业政策吸引动漫企业入驻,形成了极化效应,带动了整体动漫产业的发展。

各个省、自治区、直辖市对动漫产业的重视程度各有不同,但是,许多地方政府已经开始将文创产业作为区域经济的主导产业或新的经济增长点来看待,促进文创产业大力发展,从而形成一个个产业集聚区。各级政府与文创园区的产业政策和扶持措施各有异同,大致有这样几类:一是土地政策,即对入驻基地的公司按企业承租金的一定比例予以补贴。对于在几年内需购地建设工业生产用房的文创游戏企业,其土地出让价格在现行基准地价的基础上下浮一定比例,对于房租,园区或基地一般给予第一、二年全免,第三年减半的政策。二是资金扶持政策。三是创新基金。四是展会资助。五是公共技术平台的建立。六是贴息贷款。七是进行人才培训。八是版权交易平台的建立。多项措施共同促成之下,产业集中政策得以良好实施。

3. 提供资本支持

资本市场是资金融通的市场,股市、债市、期市等都是资本市场的组成部分。资本市场以充足的资本对文创产业进行物质上的支持,极大地影响着产业速度及产业质量,是文创产业发展的枢纽。随着经济体制改革和文化体制改革的推进,非公有资本进入文化产业领域,为文创产业的融资提供了宽松环境。但由于大多文创企业都是轻资产型,在资本运作中会遇到许多问题,对于这一点,政府给出了相应的政策。

(1)上市融资

优先安排符合条件的文创企业境内上市融资,大力发展多层次资本市场,扩大文化企业的直接融资规模。这一条路只适合于规模较大、盈利模式清晰、发展后劲大的文创企业。

（2）担保服务

国家与政府为了促进文创产业的融资出台了《文化创意产业担保资金管理办法》,采取对合作担保机构的再担保费用进行补贴、对担保业务进行补助的方式,鼓励担保机构为文化创意企业提供担保服务,为文创企业的银行贷款和融资提供便利。而地方政府层面,需要对政策加以实施。

（3）促进产权交易

产权交易是指文创产权所有者将其拥有的资产所有权、经营权、收益权及相关权利全部或者部分有偿转让的一种经济活动。其交易品种主要有股权类、项目资产类、虚拟游戏装备类、文创游戏商品化权类和文创游戏经济权类等。

4. 专项资金设立

从2006年起,国家每年拿出2亿专项资金用于扶持文创产业,广电局与文化和旅游部也分别设立文创发展专项资金与原创文创扶持计划、原创文创扶持资金等各种资金、奖项。地方政府对于文创产业的发展也给出了专项资金政策。从中央到地方,在全国范围内实施专项资金扶持政策,给予了文创产业更好的施展空间。

第五章　中国传统文化与文创产品的融合

众所周知，中国的传统文化元素源于生活，源于自然，早已深入人心。随着历史的发展，传统文化元素在不断丰富与发展，显得越发魅力四射，但在现代化进程中有些正在趋向边缘化，甚至面临着消亡的危险。作为现代的中国人，我们将民族传统文化从边缘化转向主流化、大众化的责任是义不容辞的，当然传承和发展民族传统文化也是必需的。我们还要善于概括传统文化的设计元素，将传统艺术与现代设计理念得到充分的结合，并使现代设计作品独放异彩。

第一节　传统文化元素与现代设计的结合

一、对中国传统文化元素的概括

中华文化源远流长，博大精深，彰显中国文化的民族风格元素也是不计其数。例如：有作为文化代表的孔子（图 5-1）；有作为精神代表的龙（图 5-2）；有作为历史代表的陶瓷（图 5-3）；有作为建筑代表的紫禁城（图 5-4）、长城（图 5-5）、布达拉宫（图 5-6）、杭州西湖（图 5-7）；有作为服饰代表的汉服（图 5-8、图 5-9）、旗袍（图 5-10）等；有作为艺术代表的脸谱（图 5-11）、国画（图 5-12）、京剧（图 5-13）、刺绣（图 5-14）、南京云锦（图 5-15）等。其实具有中国特色的东西远不止这些，大到建筑、小到装饰品，比比皆是。由于中国传统文化元素包括的内容广泛，我们不能一一探讨，在这里只有择其代表并且为人们所感兴趣的方面进行阐述和研究。

图 5-1　孔子像

图 5-2　端午节青龙

图 5-3　古老陶瓷花盆

图 5-4　紫禁城

图 5-5　长城

图 5-6　西藏布达拉宫

图 5-7　杭州西湖

图 5-8　汉服

图 5-9　汉服

图 5-10　旗袍

图 5-11　脸谱吕蒙

图 5-12　国画水墨写意山水

图 5-13　国粹京剧人物

图 5-14　苏绣

图 5-15　南京云锦

二、将中国传统文化元素融入现代艺术设计中

现代艺术设计作为视觉艺术的一种，只有具备了本民族所特有的传统文化和审美特色，才能自立于世界之林。要想将中国传统文化元素和艺术设计进行有机结合就必须充分挖掘出中国传统文化元素所蕴含的精髓，要在继承的基础之上有所创新，不拘泥于其本来的面目，要摆脱传统的物化方面的东西进入到深层次的精神领域去寻找其内在的精神内涵，这不仅可以更好地促进艺术和文化的交融，在保持中国传统文化艺术本源特点的同时能更好地融入设计理念，而且还可以使艺术和文化更富有生命力和创作力。

第二节　基于中国传统文化的文创产品设计

一、文创

文创，即文化创意，是以文化为元素，融合多元文化、整理相关学科、利用不同载体而构建的再造与创新的文化现象。文化创意产业（cultural and creative industries ，文创产业），是一种在经济全球化背景下产生的，以创造力为核心的新兴产业，是指依靠创意人的智慧、技能和天赋，借助高科技对文化资源进行创造与提升，通过知识产权的开发和运用，生产出高附加值产品，能创造财富且具有就业潜力的产业。

文化创意产业主要包括传媒视觉艺术、服装设计、软件和计算机服务等方面的创意群体。我国近几年在文化艺术方面加大建设，如中国国家大剧院（图 5-16、图 5-17）、北京 798 艺术区（图 5-18、图 5-19）等。除在既有制造业的优势下寻找出路外，也开始重视文化创意产业的发展。

图 5-16　国家大剧院

图 5-17　国家大剧院

图 5-18　北京 798 艺术区

图 5-19　北京 798 艺术区

回望历史，我们追根溯源，从汉字语意来解读文创。“文”含义符，上古之时，符文一体，依类象形；“创”本为“刅”字，本义为用刀劈斫，后演变为前驱先路，“刅”后变为“创”，引申为开始做、开创之意。“文”“创”二字结合，可以归纳为文化的创意之路。徜徉在历史长廊之中，中国文创产品在自然与社会创新、进化的同时，受到外国的影响，渐渐成其今貌，不断传承由华夏风土孕育出的风格。

审视今天，我们对文化创意产品的情感认知以及围绕它的用户体验正在发生急剧变化。旧的思想和器物被推翻淘汰，新的思维和产品也不断被打散重建，文创产品在移动端活跃的“互联网 +”新时代成了与衣食住行一样的常备消费品。如此这般急剧的变化，在中国历史上未曾有过。随着近代产业的发展与所谓西式生活方式的引进，人们对于文化的意识也逐渐变化，直至今日仍未停止。

观望未来，文创产品不只是器皿，还给人带来视觉的享受和心灵的喜悦，人们也因此对其产生眷恋，从而产生丰富的心灵活动。文创与音乐、绘画、雕塑等艺术形态会产生融合与交互，它们都是人类丰富的心灵活动的产物。创造文创的人，体验文创的人，以及围绕着这些人的社会，所有这些元素有序地交互，就形成了文化。随着社会结构渐趋复杂，高度的文明开始产生，文创成为文化的条件也逐渐苛刻。科技的发展，使得文创体验从实物推进至虚拟，到未来也许多维度空间乃至宇宙空间，都会成为人们体验文创之场所。

综上所述，不管在哪个时代，文化创意设计都反映了当时的社会现象。从这个意义上讲，它可以说是时代和文化的结晶。

二、融入传统文化元素的产品

传统文化元素符号在文化创意产品设计中起到了重要的作用,因为在使用传统文化元素符号的过程中势必会传递某种信息和寓意。在一定程度上,传统文化元素符号是文化创意产品的附属品。设计师将传统元素应用于文化创意产品中不仅要传递元素的信息和寓意,还要用这种“隐喻、象征”的艺术手法,来加强产品及产品之间的物与物的联系。元素符号之所以能传递寓意,是因为文化创意产品本身就是一个文化符号系统，是具有表现与语言等功能的综合系统。

另外,传统元素符号中的审美情感和艺术审美功能在某种程度上又是相同的,能够影响人的情绪,让人产生美的享受与感动。

如图 5-20 所示的包装,它将传统文化融合到包装设计当中,颇具艺术美感,能使消费者在接受商品信息的同时,也受到潜移默化的艺术熏陶。

图 5-20　月饼包装

传统文化元素符号的木身是一个不断变化的过程,我们看待传统,吸收传统也需要用辩证的眼光去看待,并不是所有的传统元素符号,都是可取的或可被利用的。对于这些传统文化的至宝,作为现代继承者的我们,应该辩证看待传统元素符号,取其精华,去其糟粕。将传统进行剥离，取用可行之物，应用于文化创意产品设计之中，才是正确对待传统，尊重传统。而不是单纯地将传统文化元素进行罗列、扭曲。

参考文献

[1] 杨文涛 . 中国传统文化 [M]. 北京：中国言实出版社，2020.

[2] 李宝龙，杨淑琴 . 中国传统文化 [M]. 北京：中国人民公安大学出版社，2006.

[3] 刘金同，马良洪，高玉婷 . 中国传统文化 [M]. 天津：天津大学出版社，2009.

[4] 张义明，易宏军，蔡云辉 . 中国传统文化 [M]. 西安：西北大学出版社，2012.

[5] 朱岚 . 中国传统文化 [M]. 北京：国家行政学院出版社，2013.

[6] 刘芳，种剑德，王玉红 . 中国传统文化 [M]. 北京：中国传媒大学出版社，2015.

[7] 路伟 . 中国传统文化 [M]. 桂林：广西师范大学出版社，2016.

[8] 冉启江，韩家胜，康佳琼 . 中国传统文化 [M]. 上海：上海交通大学出版社，2016.

[9] 马怀立，姜良威，张毅 . 中国传统文化 [M]. 天津：天津人民出版社，2018.

[10] 周建波，陈嘉蓉，刘萍萍 . 现代艺术设计与传统文化元素应用研究 [M]. 长春：吉林人民出版社，2019.

[11] 丁伟 . 文创设计新观 [M]. 北京：北京理工大学出版社，2018.

[12] 王万举 . 文化创意学 [M]. 石家庄：花山文艺出版社，2017.

[13] 昌隽如 . 文化创意产业研究 [M]. 天津：天津科学技术出版社，2017.

[14] 孙楠 . 文化软实力视阈下的创意产品 [M]. 长春：东北师范大学出版社，2018.

[15] 李典 . 博物馆文化创意产品开发设计与发展思路研究 [M]. 长春：吉林人民出版社，2020.

[16] 陈凌云 . 博物馆文化创意产品开发研究 [M]. 上海：上海社会科学院出版社，2019.

[17] 贺寿昌 . 创意产业增值研究 [D]. 上海：上海交通大学，2006.

[18] 白晓宇 . 产品创意思维方法 [M]. 重庆：西南师范大学出版社，2007.

[19] 田巧芳 . 北京市文化创意产业的发展模式研究 [D]. 北京：中国地质大学，2008.

[20] 朱丹 . 基于逆向思维的产品创新设计思维探究 [J]. 中国包装科技博览，2009（19）.

[21] 张琲 . 产品创新设计与思维 [M]. 北京：中国建筑工业出版社，2005.

[22] 伍莹 . 趣味产品的创意设计方法 [J]. 黑龙江科技信息，2008.

[23] 程畅 . 追寻设计行为的本质：无印良品设计理念对产品选材的影响 [J]. 安徽建筑，2011.

[24] 宋娟 . 如何有效地通过设计提高产品附加价值 [J]. 当代艺术，2012.

[25] 谢梦茹，段海龙 . 无意识设计的概念形成与发展研究 [J]. 剑南文学（经典教苑），2012.

[26] 李小青 . 基于用户心理研究的用户体验设计 [J]. 情报科学，2010.

[27] 何晓佑 . 产品设计程序与方法——产品设计 [M]. 北京：中国轻工业出版社，2008.

[28] 陈慧颖，陈本昌，徐海峰 . 文化创意产业发展的经济学研究 [M]. 北京：经济科学出版社，2012.

[29] 蒋三庚，张杰，王晓红 . 文化创意产业集群研究 [M]. 北京：首都经济贸易大学出版社，2010.

[30] 张静静 . 文化创意产业的知识产权价值评估研究 [M]. 北京：经济科学出版社，2011.